„JA" zur VERÄNDERUNG!

War früher wirklich alles besser?

Ralph Schaper

„JA" zur VERÄNDERUNG!

War früher wirklich alles besser?

Ralph Schaper

Herstellung und Verlag:

BoD, Books on Demand, Norderstedt

ISBN 978-3-7494-5086-2

Vorwort

Ich freue mich sehr, dass Sie sich für dieses Buch entschieden haben, denn das Thema Veränderungen betrifft uns schließlich alle. Wir erleben sie in den verschiedensten Situationen. Veränderungen kommen oftmals von außen auf uns zu, können aber auch von uns selbst initiiert werden. Sie betreffen uns häufig direkt, manchmal auch nur indirekt. Deshalb werden wir uns in diesem Buch mit folgenden Fragen beschäftigen.

-Wie geht es uns Menschen eigentlich in Bezug auf Veränderungen? Lieben wir Veränderungen oder stören uns Veränderungen eher?-

-War früher wirklich alles besser oder spielt uns die Erinnerung nur einen Streich?-

- Wie sollten wir grundsätzlich mit Veränderungen umgehen?-

Sind das auch für Sie wichtige Fragen auf die Sie gern eine Antwort hätten? Dann freuen Sie sich auf die folgenden Seiten. Auf die Erinnerungen, die Realität und auf die Träume, die daraus möglicherweise entstehen.

Denn eines ist doch ganz klar, es ist immer leicht zu sagen, *früher war alles besser* – und es ist auch einfach sich erst mal *gegen Veränderungen* zu wehren. Wobei ja genau dort schon der entscheidende Fehler liegt. Warum? Natürlich ist es im ersten Moment leicht, sich gegen die nahende Veränderung zu wehren, aber unterm Strich betrachtet kostet das viel mehr Kraft, als die Veränderung einfach zuzulassen.

Um an den Kern der Sache zu gelangen, müssen wir jedoch etwas tiefer gehen. Veränderungen. Was bedeuten Veränderungen? Kann es sein, dass wir Menschen immer als erstes an etwas negatives denken, wenn wir diesen Begriff hören? Warum ist das so? Weil die meisten Veränderungen etwas Negatives ausgelöst haben? War das denn wirklich so? Denken Sie doch bitte mal ganz genau zurück. Welche konkreten Veränderungen fallen Ihnen ein, die noch nicht all zu lange entfernt liegen?... Und? Waren deren Resultate alle negativ?...

Wir Menschen verbinden mit Veränderungen unbewusst etwas Negatives. Eine neue Situation, eine andere Herangehensweise, eine räumliche Veränderung, mehrere oder andere Aufgaben, eine notwendige Verhaltensveränderung, die Neugliederung bestehender Strukturen, das Aufbrechen eines bereits vorhandenen und gut funktionierenden Systems oder einfach etwas Neues auf das wir keine Lust haben.

Jedoch ganz realistisch betrachtet sind Veränderungen der Motor unseres Seins. Wenn es keine Veränderungen geben würde, dann wären wir immer noch Sammler und Jäger und würden in irgendwelchen Höhlen hausen. Deshalb die entscheidende Frage:

Warum sollen wir denn unsere Kraft vergeuden?

Warum sich denn gegen anstehende Veränderungen wehren? Denn die fast noch wichtigere Frage ist doch, tritt die Veränderung trotzdem ein? Na klar. Und was haben wir gemacht? Wir haben uns dagegen gewehrt, haben unsere Kraft vergeudet und die Veränderung ist trotzdem da.

Daraus resultiert direkt das nächste Dilemma. Wir können jetzt nicht sofort unsere Meinung ändern oder anpassen, denn dann würden wir ja unser Gesicht verlieren. Deshalb müssen wir diese Veränderung erst mal weiter bekämpfen. Wir müssen unsere ganze Munition abfeuern, jedem in unserem näheren Umfeld davon erzählen, wie schlecht doch diese Veränderung ist und dass wir uns bis aufs Letzte dagegen wehren werden. Obwohl wir innerlich schon längst damit abgeschlossen haben. Wieso? Weil wir merken, dass wir gegen Windmühlen kämpfen, dass wir überhaupt keine Chance haben, uns dagegen zu wehren oder geschweige denn, diese Veränderung rückgängig zu machen.

Aber das können wir natürlich öffentlich nicht zugegeben, das wäre doch fatal. Irgendwann, wenn Gras über die Sache gewachsen ist, dann können wir uns als Pionier hinstellen. Dann können wir sagen, *ich habe es Euch doch von Anfang gesagt, das wird toll...*

Natürlich gibt es solche und solche Veränderungen. Es gibt die, gegen die wir uns auch gar nicht wehren können, weil sie einfach so passieren. Der Tod eines geliebten Menschen zum Beispiel. Eine Tragödie. Eine einschneidende Veränderung für viele Beteiligte. Und ja, Sie haben vollkommen Recht, diese Veränderung ist im ersten Moment nichts Positives. Und man wird auch so schnell vielleicht nichts Positives daran entdecken. Womöglich werden wir niemals einen positiven Gedanken daran verschwenden, aber auch hier gilt doch die Frage:

Wie wollen wir damit umgehen?

Wollen wir uns davon unterkriegen lassen oder wollen wir versuchen, unser jetziges Sein noch bewusster zu leben?

Womöglich liegt darin schon der Schlüssel für vieles. Bewusstsein und Unterbewusstsein. Zwei Bereiche in unserem Gehirn, die ganz eng beieinander liegen, die aber doch so verschiedene Auswirkungen haben können.

Verschiedene Studien haben ergeben, dass 80% unserer Entscheidungen aus dem Unterbewusstsein heraus getroffen werden. Achtzig Prozent! Da brauchen wir uns doch nicht zu wundern, warum bestimmte Entscheidungen getroffen werden. Es genügt manchmal ein einziger Impuls an unser Unterbewusstsein und schon steht die Entscheidung fest.

Sie hätten gern ein Beispiel? Kein Problem. Stellen Sie sich bitte mal folgende Situation vor:

Es kommt ein Mensch auf Sie zu, der Ihnen auf den ersten Blick unsympathisch ist, wonach sucht Ihr Unterbewusstsein jetzt? Nach Punkten, die diesen Eindruck wiederlegen oder nach Punkten, die ihn bestätigen?... Ganz klar, das Unterbewusstsein sucht immer nach der Besttätigung des ersten Impulses. Das heißt, negativ zieht negativ nach sich und positiv zieht positiv nach sich. So ist unser Unterbewusstsein gepolt.

Anders sieht es natürlich mit unserem Bewusstsein aus. Das kann einen ersten Eindruck auch mal revidieren. Aber dazu müssten wir es erst einmal gezielt aktivieren. Und das kostet wiederum Kraft und Energie und deshalb ist es oftmals viel leichter auf sein Unterbewusstsein zu hören. Auch wenn es uns unterm Strich nicht weiterbringt, dass ist in dem Moment egal.

Und so schließt sich der Kreis zu den Veränderungen.

Welche entscheidenden Veränderungen wir in den letzten ca. 30 Jahren erlebt haben, damit werden wir uns jetzt mal etwas intensiver befassen. Denn nur dann können wir eine Entscheidung treffen:

War früher wirklich alles besser?

Auf geht's…

War früher wirklich alles besser?

Um uns der Antwort auf diese Frage zu nähern, möchte ich Ihnen anhand einiger bildhafter Beispiele und Erlebnisse schildern, welche Veränderungen wir in den letzten Jahren am eigenen Leib erlebt haben. Mal schauen, ob auch Sie sich in der ein oder anderen Situation wiederfinden werden.

Des Weiteren möchte ich Ihnen gern einige wertvolle „Werkzeuge" aus dem Verhaltensbereich mit an die Hand geben, damit Sie davon direkt persönlich profitieren können.

Womit wollen wir anfangen? Am besten beginnen wir doch einfach direkt mit dem technischen Gerät, welches uns alle schon ein Leben lang begleitet, nämlich der von uns so heiß geliebte *Fernseher.* Was würden wir nur ohne dich tun?... Dann müssten wir ja miteinander reden. Schrecklich. Wie gut, dass es dich gibt.

Wir wollen jetzt allerdings nicht bis zu den schwarz-weiß Zeiten zurückgehen, es reicht schon ein Blick in die nähere Vergangenheit. Und zwar in die Zeit, als es noch *Röhrenfernseher* gab. Also es gibt sie heute immer noch, aber damals gab es ja nur diese monströsen Apparate, die genauso tief wie breit waren.

Die konnte man nicht einfach mal eben an die Wand hängen. Heutzutage werden diese Geräte immer flacher und besser hinsichtlich ihrer technischen Eigenschaften. Ein Fernseher mit dem man auch ins Internet gehen kann – vor vielen Jahren unvorstellbar. Gut, da war auch das Internet für viele noch ein Buch mit sieben Siegeln.

Geht Ihnen das heutzutage in Bezug auf TV-Geräte auch so, dass Sie das Gefühl haben, es kommt jeden Tag ein neues Spitzengerät auf den Markt? War das früher mit den Röhrenfernsehern auch so?

Mein erster Fernseher konnte nicht wirklich viel. Warum auch? Es war ja schließlich nur ein Fernseher. Man schaltete ihn ein, wählte ein Programm und fertig. War das schön einfach und unkompliziert. Heute hören wir im TV häufig den Satz: *Drücken Sie jetzt den Red-Button.* Also auf Deutsch, drücken Sie jetzt den roten Knopf auf Ihrer Fernbedienung. Und schon verbindet sich der Fernseher mit dem Internet.

Konnte mein Fernseher früher nicht. Na klar, es gab ja auch noch kein Internet. Oder doch? Ich weiß es nicht mehr. Auch egal. Aber wissen Sie was ich hatte? Ich hatte einen *Videorekorder*.

Sie auch? Natürlich. Das war doch einfach klasse. VHS-Videorekorder. Dazu passende VHS-Kassetten mit unterschiedlicher Aufnahmedauer.

Hatten Sie auch die 240er? Vier Stunden aufnehmen. Da passten meistens genau zwei Filme drauf. Blöd war nur, wenn der zweite Film nicht ganz drauf war, weil er länger dauerte als in der Programmzeitschrift aufgeführt. Und man musste aufpassen, dass man die selbe Kassette nicht zu oft verwendete, denn dann wurde die Qualität der Wiedergabe immer schlechter. Aber hey, wir konnten das aufnehmen, was wir wollten. Und wir konnten uns eine eigene Videothek anlegen. Kassetten beschriften und ab in den Schrank. Man was hat das Spaß gemacht.

Apropos Videothek. Hatten Sie auch einen Mitgliedsausweis einer *Videothek*?

Haben Sie auch freitags- oder samstagabends Ihre Zeit in der Videothek verbracht?

Immer in der Hoffnung, dass der neueste Blockbuster endlich zum Leihen da war? Und wie oft war ein anderer schneller? Schon wieder den gewollten Film nicht bekommen. Ach ja, und die Freundin wollte ja sowieso immer lieber was anderes sehen. Nichts mit Action oder Kawumm, nein lieber einen Liebesfilm, irgendwas Romantisches. Na prima. Und wehe, wenn die Auswahl nicht die richtige war, dann war der Ärger vorprogrammiert. Dann konnten wir den Film direkt wieder zurückbringen.

Genau, man musste die geliehenen Filme bis zu einem bestimmten Termin wieder zurückbringen. War das nicht der Fall, wurde eine Strafgebühr fällig. Ach, waren das noch Zeiten. Irgendwie auch schön. Aber auch verdammt umständlich, aus heutiger Sicht betrachtet.

Wie ging es dann weiter? Ich kann mich noch gut an bestimmte Hersteller erinnern, die auf einmal ein TV Gerät mit integriertem Videorekorder auf den Markt gebracht haben. Übrigens, wenn die jungen Leute sich die ganze Zeit fragen, wovon faselt der Kerl da eigentlich? Videorekorder, liebe junge Generation, dass ist vergleichbar mit den heutigen Festplattenrekordern oder Streaming-Plattformen.

Damals war das der absolute Knaller. Ein Videorekorder integriert in einem Fernseher, der pure Wahnsinn.

Und dann konnte man manche Geräte auch noch mit der Fernbedienung nach links oder rechts drehen. Unfassbar. Also wir sprechen hier über Fernseher, die gut und gern schon mal 1.000,-- DM oder mehr gekostet haben.

Die etwas ältere Genration kann sich bestimmt auch noch gut an die *Testbilder* erinnern. Auch hier die Erklärung für die Jüngeren unter uns: Es gab früher kein 24 Stunden Programm. Mal abgesehen davon, dass es früher auch keine 324 Sender gab oder wieviel auch immer es mittlerweile sind. Da war um 24:00 Uhr das Programm beendet und es war nur noch dieses tolle Testbild zu sehen. Aus, Ende, das wars. Heute unvorstellbar. Wobei, wenn man sich mal anschaut, was im TV nach 24:00 Uhr so alles gesendet wird, da wünscht man sich manchmal das Testbild wieder zurück.

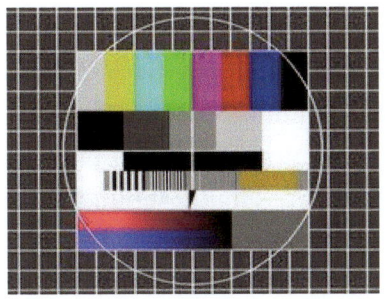

Aber wenn wir mal ehrlich sind, diese speziellen technischen Veränderungen im Bereich der Unterhaltungselektronik sind doch schon Gold wert, oder?

An dieser Stelle ist es vielleicht auch ganz gut, dass wir uns nicht gegen diese Veränderungen wehren konnten, denn wer will heutzutage schon noch in die Videothek fahren oder einen fetten Röhrenfernseher in seinem Wohnzimmer stehen haben?

Und dann diese veraltete Technik. Antenne auf dem Dach, das Bild war eh schon nicht der Knaller und wenn erst mal ordentlich Regen und Sturm aufkamen, dann hatte sich das mit dem gemütlichen Fernsehabend für längere Zeit erledigt. Heute schauen wir nicht nur digital, nein wir schauen in 4K oder HD, besser noch UltraHD oder was auch immer.

Wobei die Jugend von heute ja nur noch streamt. Da wird nicht mehr wirklich das normale TV Programm geschaut. Die Filme und Serien werden gestreamt. Heruntergeladen auf neudeutsch. Und auch das wäre vor einigen Jahren noch gar nicht machbar gewesen. Nicht wegen der Röhrengeräte, also auch, aber natürlich deshalb nicht, weil die Internetverbindung nicht so schnell war, dass das überhaupt möglich gewesen wäre. Da hätte man zwei Wochen gebraucht, bis der ganze Film heruntergeladen wäre.

Können Sie sich auch noch die ersten „*Router*" erinnern? Diese seltsamen Modems, die dann auch noch so merkwürdige Geräusche gemacht haben? Ach, waren das noch Zeiten. Und dann funktionierten diese Teile oftmals nicht. Man saß am PC und wollte irgendetwas Wichtiges nachschauen, und zack Internetverbindung weg. Und die wurde so schnell auch nicht wieder gefunden. Übrigens zu der Zeit sind uns diese monströsen **Röhrenmonitore** auch das erste Mal begegnet.

Was haben die auf dem Schreibtisch für einen Platz eingenommen? Wie gut, dass es Veränderungen gibt.

 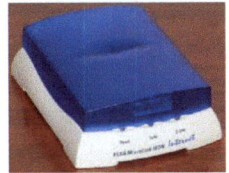

Haben Sie noch konkrete Erinnerungen daran, als Sie privat das erste Mal mit dem Internet in Kontakt gekommen sind?... War das nicht alles aufregend? Man konnte sich in das „WorldWideWeb" einwählen. Wir hatten die Möglichkeit weltweit Informationen zu sammeln.

Wenn wir uns das heute noch einmal vor unser geistiges Auge rufen, war das doch trotzdem irgendwie Steinzeit damals, oder? In der jetzigen Zeit unvorstellbar. Vor vielen Jahren eine bahnbrechende Neuerung. Sind Sie damals direkt „online" gegangen? Oder war Ihnen das auch alles ein bisschen suspekt? Haben Sie auch ein paar Tage oder Wochen abgewartet, bis Sie die ersten Schritte ins Netz gewagt haben?

Dann ging es Ihnen, wie vielen anderen auch. Das Neue ist einem dann doch manchmal nicht ganz geheuer.

Ich habe noch sehr genau vor Augen, als ich bei meinen Eltern am PC saß und wir uns gemeinsam das erste Mal auf die Reise durch das Netz begeben haben. War schon ganz schön aufregend. Auf jeden Fall waren wir jetzt online. Das ging aber natürlich nur, wenn man die entsprechenden Anschlüsse von der Telekom hatte. Die Leitungen mussten von Analog auf Digital geändert werden. Und das war dann leider auch so ein Fall für sich. Das dauerte schon mal einige Tage oder sogar Wochen. Wenn es denn überhaupt funktionierte. Und dann gab es da ja auch noch die Kosten. Flatrate kannte man zu der Zeit noch nicht.

Aber letztendlich wurde wir alle von diesem Online-Virus angesteckt. Man konnte sich ja gar nicht dagegen wehren. Apropos Online. Wenn wir schon über Veränderungen sprechen, dann müssen wir auf jeden Fall über *Handys* sprechen. Ein Paradebeispiel für Veränderungen und wie schnell diese von statten gehen.

Können Sie sich noch an Ihr allererstes Handy erinnern? Also ich denke jetzt an die richtigen Handys, ich meine nicht das C-Netz, diese tragbaren „Koffer". Das lassen wir mal nicht als Handy durchgehen.

Auch hier wird die Jugend wahrscheinlich wieder sagen: C-Netz? Was ist das? Der „Koffer" auf dem linken Foto.

Und die ersten Autotelefone, mein Gott, was war das damals toll, wenn man ein Telefon im Auto hatte. Herrlich, so mit dem Hörer in der Hand einen auf dicke Hose zu machen. Und die Kosten erst. Da zahlte man für eine Minute gut und gern 5,-- DM. Aber egal, Hauptsache einer der ersten sein, der so etwas besaß.

Zurück zu den richtigen Handys. Wissen Sie noch, welches Ihr erstes Handy war? Bestimmt. Ich kann mich noch sehr gut an mein erstes Handy erinnern. Das war ein so genanntes E-Plus Handy. In diesem Netz funktionierte der Verbindungsaufbau nur nach Zufallsprinzip. Mein Vater war da schon einen Schritt weiter. Er hatte das D-Netz und dieses „Bananentelefon". Das war der Hammer. Da war man schon ganz weit vorn, wenn man solch ein Gerät hatte.

Diesbezüglich gibt es ja genügend Beispiele von Handys, die heute Kultcharakter haben. Da sind richtige Sammlerstücke dabei. Gehören Sie auch zu denen, die zu Hause in der Schublade noch die guten alten Schätze horten? Wer weiß, was die später mal wert sind? Oder einfach mal der nächsten Generation zeigen, was früher so „up to date" war im Handybereich.

Wie die Handys von heute aussehen, das wissen wir ja alle. Und wir müssen vielleicht noch mal erwähnen, damals waren Telefone auch zum Telefonieren da. Nicht wie heute, wo man ganz vergessen hat, dass man damit auch telefonieren kann. Heute zählt nur Internet und alle damit verbundenen Apps.

Und wenn man sieht, wie schnell sich dieser Markt verändert, dann hat man manchmal das Gefühl, dass man gar nicht mehr hinterherkommt. Wenn ich heute dieses Buch schreibe, ist das aktuelle Handy fast schon wieder Schnee von gestern. Verfluchen Sie diese Entwicklung eigentlich auch das ein oder andere Mal? Also nicht die rein technische Entwicklung, die ist ja ausgezeichnet. Ich meine eher die damit verbundene Erreichbarkeit, dieser ständige Druck für alle und jeden immer griffbereit zu sein. Auf der anderen Seite helfen sie uns in vielerlei Hinsicht natürlich ungemein.

Was haben wir nur früher ohne Handys gemacht? Aber mal im Ernst. Was haben wir denn ohne diese Teile gemacht? Haben wir da nicht auch Geschäfte abgeschlossen? Haben wir nicht auch die Leute erreicht, die wir erreichen wollten? Hat uns damals irgendetwas im Leben gefehlt? Nicht wirklich. Denn das was wir noch nicht kennen kann uns ja auch nicht fehlen.

Ging es uns zu dieser Zeit womöglich sogar besser? Hatten wir vielleicht nicht so viel Stress? Oder war der Stress nur anders gelagert? Oder machen wir uns den Stress einfach nur selbst?

Wenn ich heute meine Trainings durchführe, dann haben die Teilnehmer teilweise zwei oder sogar drei Handys auf dem Tisch liegen. Dazu noch ein Tablet und am Handgelenk die Smartwatch. Totale Vernetzung ist angesagt. Der totale Wahnsinn, oder?

Aber hey, wenn wir eines davon nicht haben, dann sind wir irgendwie direkt ein Außenseiter. Dann ist das wie damals in der Schule, als die anderen Kinder die neuesten und coolsten Sachen hatten und wir nicht. Ausgestoßen wurden wir. Und heute? Na ja, ganz so schlimm ist es nicht, aber wehe wir haben kein Smartphone. Stellen Sie sich vor, wir laufen mit einem etwas älteren Modell durch die Gegend.

Also ich bin immer noch bei Handys, nicht was Sie jetzt vielleicht gerade denken. Da werden wir erst mal schief angeschaut. So nach dem Motto, in welcher Steinzeit ist der denn stehen geblieben?

Schief angeschaut habe ich auch den ein oder anderen schon mal. Es ist schon einige Jahre her, dass wir mit Freunden in Paris waren. Wir besichtigten, wie viele andere auch, die angesagtesten Sehenswürdigkeiten und sahen dort auf einmal viele Asiaten mit einem Tablet in der Hand. Allerdings nicht, um damit ins Internet zu gehen, sondern sie nutzten diese Tablets als Fotokameras. Sah schon ziemlich seltsam aus das Ganze. Das ist aber nicht das einzige was seltsam aussieht.

Was auch sehr skurril wirkt sind die Menschen, die in einer Tour Selfies machen. Ist Ihnen das auch schon aufgefallen, dass egal wo wir uns befinden, ob im Café, in einer Bar, beim Einkaufsbummel in der City, wo auch immer, ständig irgendwelche Leute Selfies von sich machen?

Gab es so etwas früher auch schon? Spontan würden wir sagen, nein, das gab es früher nicht. Stimmt allerdings nicht so ganz. Denn es gab es tatsächlich. Die erste Generation der Selfie-Kamera war die allseits bekannte und beliebte *Polaroid-Kamera*.

Hatten Sie auch solch ein hochtechnisches Schmuck-
stück?... Bild machen, einen kurzen Moment warten,
das ausgedruckte Foto eine Weile wedeln bis das Bild
scharf wurde und fertig war das Selfie. Na gut, Sie
haben vollkommen Recht, dass nicht wirklich viele
Selfies damit gemacht wurden. Eher ganz normale
Bilder. Die wurden dann schön ins Fotoalbum geklebt
und man konnte sie sich immer wieder anschauen.
Wenn man bei seinen Eltern oder Großeltern alte
Fotoalben durchschaut, dann trifft man immer wieder
auf diese Relikte. Heute werden Fotoalben häufig nur
noch digital verwaltet.

Benutzt aktuell eigentlich noch irgendjemand normale Fotokameras? Also, die Hobbyfotografen meine
ich an dieser Stelle.

Auch hierbei können wir uns doch wieder über diese Veränderungen freuen. Wenn man früher noch mehrere Geräte mitschleppen musste, reicht heute das Handy. Besser gesagt, das Smartphone. Es ist schon wirklich ein prima Alleskönner. Wenn wir mal ganz genau überlegen, wofür wir das Smartphone heute nutzen können, kommen doch schon einige Punkte zusammen. Telefonieren ist da noch die seltenste Anwendung.

Wie erwähnt ist die Handykamera für Fotos oder Videos sehr häufig im Einsatz. Aber auch der integrierte Kalender wird immer mehr verwendet. Haben wir früher noch mit Papierkalendern oder dem so genannten Filofax gearbeitet, so wird heute alles in den entsprechenden Apps oder Programmen abgespeichert.

Zu den meistgenutzten Apps gehören für viele von uns auch die Navigations-Apps. Waren wir vor vielen Jahren noch mit dem *Stadtplan* unterwegs, so reicht heute ein Blick ins Smartphone und wir wissen wo wir lang müssen. Kennt die Jugend von heute eigentlich noch die guten alten Stadtpläne? Diese faltbaren Ungetüme, die man nach Gebrauch genauso schlecht wieder zusammenfalten konnte, wie Packungsbeilagen von Arzneimitteln?

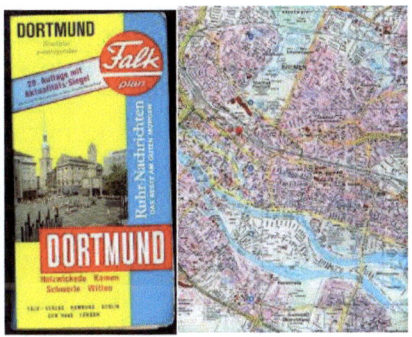 

Ich kann mich noch zu gut an meine ersten Fahrten nach Stadtplan erinnern. Dieses riesige, aufgeklappte Teil lag da auf dem Beifahrersitz. Ich hatte mir vorher rausgesucht, wo mein Ziel ist und dann die Strecke angeguckt. Jetzt hieß es, immer einen Blick auf die Straßenschilder und den nächsten Blick auf den Stadt-plan. Ach so, und den Verkehr natürlich nicht außer Acht lassen. Gar nicht so einfach. Gut war es, wenn man seine Freundin an seiner Seite hatte. Dann konnte man sich auf das Fahren konzentrieren, während die Liebste die Strecke ansagte.

So viel zur Theorie. In der Praxis funktionierte das leider nicht immer so gut, denn meine Freundin ge-hörte zu den Damen der Schöpfung, die so ihre Schwierigkeiten mit dem Lesen eines Stadtplans hatte.

Da wurde dieses riesige Teil schon mal in alle Richtungen gedreht und es kam trotzdem kein zielführendes Ergebnis dabei rum. Was war das Ende vom Lied? Man hat sich den Stadtplan geschnappt, aufs Lenkrad gelegt und sich den Weg selbst gesucht. Ob das dann immer so einwandfrei geklappt hat lassen wir mal dahingestellt. Man kam sich auf jeden Fall immer vor wie bei einer Schnitzeljagd. War schon alles spannend, was man früher so im Auto gemacht hat. Oder besser gesagt, machen durfte.

Wenn man sich allerdings mal anschaut, was die Menschen in ihren Autos so alles machen, dann ist es schon ganz gut, dass es Verbote gibt, wie das Handy nicht in die Hand zu nehmen. Obwohl, müsste man dann nicht auch das Essen und Rauchen während der Fahrt verbieten?

Dann würden wahrscheinlich die Raucher auf die Barrikaden gehen. Die dürfen in der Öffentlichkeit ja eh schon nirgends mehr rauchen. Wenn dann noch das Rauchen im Auto verboten werden würde, nicht vorstellbar was dann passieren würde.

Mir fällt gerade ein, dass ich früher immer im Auto meines Onkels mitgefahren bin und dieser sich eine Zigarette nach der anderen angesteckt hat. Gesund war das nun wirklich nicht. Also für ihn so wieso nicht, aber ich denke jetzt mal an mich.

Speziell das Passivrauchen soll doch extrem gefähr-
lich sein. Also unter diesem Aspekt währe ein Verbot
vielleicht doch gar nicht schlecht.

An dem Beispiel Rauchen in der Öffentlichkeit sehen
wir sehr gut, dass Veränderungen oftmals zwei Seiten
haben können. Für die Nichtraucher ist das eine
Wohltat. Endlich kein Gestank mehr in Restaurants,
Bars und Cafés. Ausgewiesene *Raucherbereiche* an
Bahnhöfen und Flughäfen. Auf der anderen Seite für
die Raucher schon ein wenig diskriminierend, oder?

Die Raucher werden von den Nichtrauchern isoliert.
Dabei gibt es sogar viele Nichtraucher, die sagen, in
einer guten alten Kneipe gehört das irgendwie dazu,
dass dort auch geraucht wird.

Womöglich sieht es in der Zukunft ja so aus, dass die Raucher in Restaurants unter solchen Raucherglocken ihrer Sucht frönen können. Skurril, oder?

Anhand dieses Beispiels sehen wir, dass Veränderungen auch Einschränkungen mit sich bringen können. Die Frage ist auch hier wieder, wie gehen wir mit diesen Veränderungen um? Wehren wir uns dagegen und setzen Kraft ein oder akzeptieren wir sie und machen das Beste draus.

Ein viel diskutiertes Thema ist ja der Umgang mit Kindern. Gerade hinsichtlich der Freizeitgestaltung. Oft hören wir Aussagen, dass früher die Kinder viel mehr draußen gespielt haben. An der frischen Luft, auf dem Spiel- oder Bolzplatz. Ist das wirklich so, dass die Kinder von Heute das nicht mehr machen?

Sitzen die nur noch in ihren Zimmern und spielen irgendwelche seltsamen Computerspiele? Bezüglich unserer Nichten, Neffen und Patenkinder kann ich das nur zum Teil bestätigen. Gerade in jungen Jahren trieb es unseren Neffen immer vor die Tür. Er wollte nur eins, Fußball spielen. Bei Wind und Wetter. Ganz egal, Hauptsache raus. Je älter er wurde, desto mehr kamen auch andere Interessen hinzu. Ja, auch Mädchen. Aber ich meine an dieser Stelle eben die Computerspiele. Da wird sich in seinem Zimmer verbarrikadiert, irgendein Ballerspiel eingelegt, sich mit anderen Spieler vernetzt und ab geht die Post. Und das kann dann schon mal ein paar Stunden dauern bis er wieder aus seinem Zimmer herauskommt.

Freunde von uns, deren Kinder sind zwischen 3 und 8 Jahre alt, legen immer ganz großen Wert darauf, dass sie mindestens einmal am Tag für eine gewisse Zeit vor die Tür kommen. Auslauf sozusagen. Frische Luft, ein bisschen Toben, mit dem Roller oder Fahrrad fahren. Einfach sich bewegen.

Wobei auch die Kleinen schon erste Anzeichen zeigen, dass das IPad ein wesentlicher Bestandteil des Lebens ist. Für diese Generation ganz normal. Aber wenn es dann genutzt wird, immer nur für eine gewisse Zeit. Auch bei denen wird die Zeit der richtigen Computerspiele noch früh genug kommen.

Aber auch der Markt der Computerspiele hat sich in den letzten Jahren revolutioniert. Es gab Zeiten, da haben wir doch genauso vor dem Fernseher gesessen, die Spielekonsole angeschlossen und los ging die Zockerei. Und heute? Wenn wir einen Blick auf die etwas älteren Teenies werfen, die an der Haltestelle auf den Bus warten, dann stehen die dort mit gesenkten Häuptern und zocken irgendwelche Spiele auf ihren Smartphones. Die Optimisten unter Ihnen sagen vielleicht, wenigstens sind die an der frischen Luft.

Über diese Veränderungen „freuen" sich wiederum die Orthopäden. Dort stehen potenzielle Kunden der nächsten Jahre. Die Nacken- und Schulterpartien werden sicher unter dieser „Handyhaltung" leiden. Nicht nur das. Es gibt ja sogar Studien, dass die Handgelenke und Finger von so genannten „Vielzockern" besonders in Mitleidenschaft gezogen werden. Von den Augen mal ganz abgesehen. Also die Ärzte brauchen sich keine Sorgen zu machen, sie werden noch genug zu tun bekommen.

Nur genau das sollten Veränderungen ja nicht bewirken, dass wir durch sie krank werden. Wenn das dann doch mal der Fall sein sollte, brauchen die Kids sich demnächst gar nicht viel zu bewegen, einfach den Doc per Internet kontaktieren. Die Sprechstunde am Handy oder PC steht schon in den Startlöchern.

Manchmal schon alles ein bisschen verrückt, oder? In bestimmten Situationen oder zu bestimmten Themen hätte man schon gerne eine Zeitmaschine. Einfach mal den Kindern zeigen wie es früher war. Und wie es auch früher ohne diesen ganzen Schnickschnack funktioniert hat. Das Problem ist nur, dass die das gar nicht wissen wollen. Die kennen es ja nicht anders. Wie für uns damals Dinge zum Alltag gehörten, gehören heute die technischen Hilfsmittel für die nächste Generation einfach mit dazu.

Dann stellt man sich natürlich die Frage, wie wird das alles in der Zukunft aussehen? Wenn man Science-Fiction Filme sieht, fragt man sich ja schon das eine oder andere Mal, was davon bald zur Realität wird. Siehe zum Beispiel diese Bitcoins. Eine Kryptowährung. Was für ein Irrsinn, oder? So etwas ähnliches gab es in Filmen tatsächlich und jetzt ist es wahrhaftig eingetreten. Okay, nicht so ganz, denn man kann diese „Währung" ja nicht anfassen, sie existiert nur im Netz. Irgendwie ist das alles schon ziemlich surreal.

Deshalb gehen wir lieber erst noch einmal zurück in die Vergangenheit. Wissen Sie, was ich mich gerade frage? Wo wir ja eben bei dem Thema „draußen spielen" waren, kennen die Jugendlichen von heute eigentlich noch unsere guten alten *Telefonzellen*?

Liebe Leute, das waren unsere Handys. Diese Relikte der Vergangenheit kennt Ihr zum Teil gar nicht mehr. Wir verbinden damit allerdings ganz spezielle Erinnerungen. Übrigens die kleine Box neben der Telefonzelle auf dem ersten Bild ist ein Briefkasten. Nur falls Ihr Euch fragt, warum da noch was nebendran steht.

Es gab noch etwas vor der Email und der SMS, man nannte es Briefe. Wie gut, dass es sie heute immer noch gibt. Ein bisschen was aus der Vergangenheit sollten wir dann doch auch in die Zukunft transportieren. Und die guten alten *Postkarten* erst. Was waren das noch für Zeiten, als man im Urlaub Postkarten geschrieben und verschickt hat. Gut, wir selbst waren meistens schneller wieder zu Hause als die Postkarte bei ihrem Empfänger war. Aber so wurde es nun mal gemacht. Da gab es noch keine SMS, MMS, oder andere Chat-Möglichkeiten.

Heute werden die aktuellsten Fotos direkt auf Facebook oder Instagram hochgeladen. Jeder kann oder besser gesagt, soll sehen, wo man sich gerade befindet. Totale Transparenz.

Zurück zu den Erlebnissen mit und in der *Telefonzelle*. Können Sie sich auch noch an diesen Geruch erinnern? Oder nennen wir es besser Gestank! Das war so eine Mischung aus Zigaretten und Uringestank. Und wenn dann noch die Sonne auf dieses Gebilde knallte, na herzlichen Glückwunsch, so lange konnte man die Luft gar nicht anhalten. Und schließlich wollte oder musste man ja auch noch telefonieren.

Wenn wir es geschafft hatten, diesen fiesen, beißenden Gestank so einigermaßen zu ignorieren, dann kamen die nächsten Herausforderungen auf uns zu. Wenn wir die passende Telefonnummer nicht hatten, dann mussten wir eines dieser vergilbten und verklebten *Telefonbücher* in die Hand nehmen. Ekelhaft. Gut war es, wenn man die wichtigsten Telefonnummern auswendig konnte. Früher hat man sich die Nummern noch gemerkt. Wenn Sie mich heute nach einer Telefonnummer fragen, dann habe ich vielleicht noch so die drei vier wichtigsten parat, aber dann wird es auch schon eng.

Wozu auch merken? Heute haben wir alles Wichtige abgespeichert und jederzeit griffbereit. Zu den Zeiten der Telefonbücher mussten wir uns erst mal wieder mit dem Alphabet beschäftigen. Wenn wir einen bestimmten Namen gesucht haben, dann fing das Überlegen an.

Im Kopf wurde das ABC aufgesagt, bis man an der richtigen Stelle war und somit den Blick ins Telefonbuch werfen konnte. Dumm nur, wenn es dann mehrere Einträge mit demselben Namen gab. Dann musste man den Vornamen oder die Straße kennen. Echt kompliziert die ganze Geschichte.

Jetzt standen wir dort in dieser Telefonzelle, haben den Gestank so einigermaßen ausgeblendet, haben uns durch das ekelhafte Telefonbuch gekämpft und müssen jetzt den Hörer in die Hand nehmen. Und das war mindestens genauso ekelhaft, wenn nicht sogar noch schlimmer. Ich glaube, wenn dieser Hörer eine glatte Ohrmuschel gehabt hätte, dann hätte man ihn einfach an die Scheibe pappen können und das Ding hätte gehalten, als würde man Sekundenkleber verwenden. Pfui. Haben Sie den Hörer auch immer auf Distanz gehalten? Nur ja nicht das eigene Ohr damit berühren. Es gab echt schon einige Herausforderungen für uns.

Und es war ja noch nicht Schluss, sondern ruck zuck stand das nächste Problem vor uns. Wir mussten, bevor wir telefonieren konnten, erst mal Geld einwerfen. Unfassbar. Vor dem Telefonieren musste man bezahlen. Prepaid sozusagen. Und allein dieses Geld einwerfen war schon eine Qual für sich. Wie oft ist bei Ihnen der Groschen durchgerutscht?

Wie oft haben Sie mit dem Geldstück an dem Gehäuse des Telefons gerieben? Immer dort, wo schon vor Ihnen tausend andere gerieben hatten?

Wenn dann endlich der Groschen gefallen war, wir also die Nummer wählen konnten, dann musste ja der Angerufene auch noch zu Hause sein. Ja richtig, nichts mit ständiger Erreichbarkeit. Wie oft sind wir damals immer wieder in dieser „Ekelbude" gegangen und haben versucht unsere Freunde zu erreichen?

Aber es ging früher nun mal nicht anders. Und genau aus diesem Grund möchte ich Danke sagen. Danke an diejenigen, die dafür gesorgt haben, dass wir nicht mehr in diesen Telefonzellen stehen müssen. Wer auch immer dafür gesorgt hat, wir danken Ihnen.

Wo wir gerade bei den Highlights der Telekommunikation sind, fällt mir natürlich das gute alte *Telefon* ein. Wer von Ihnen hatte bei seinen Eltern auch noch eines dieser technisch hochausgereiften Telefone mit Wählscheibe? Sie lächeln bestimmt gerade, weil diese ganze alten Erinnerungen in Ihnen wieder hochkommen. Telefone mit Wählscheibe. Telefone am einem Kabel. Und daneben das Telefonregister in alphabetischer Aufteilung. Hatten Sie auch? Na wer denn auch nicht. Das gehörte früher zum guten Ton. Apropos Ton. Der Ton, den diese Wählscheibe machte, war doch echt klasse, oder?

Den bekommen wir heute sogar als Klingelton. Die guten alten Zeiten verschwinden eben doch nie so ganz.

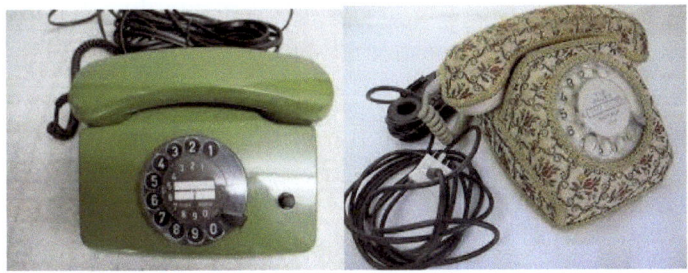

Die ganz noblen hatten dann noch so einen schönen Samtbezug um das Telefon. Wunderbar. Einfach toll. Ich kann mich noch erinnern, dass das Telefonkabel bei uns zu Hause nicht wirklich lang war. Das hieß, wenn man mal etwas Privatsphäre beim telefonieren haben wollte, keine Chance. Der „Feind" hörte immer mit. Stichwort „der Feind hört immer mit". Wir haben ja die zwei Seiten der Veränderungen schon erwähnt.

Das wiederum ist ein Nachteil dieser ganzen technischen Entwicklungen und Veränderungen. Die Gefahr, dass andere mithören. Also nicht, wenn jemand neben uns steht, sondern wenn irgendwer, durch irgendwelche Maßnahmen, Zugriff auf unser Telefon erhält.

Das muss ja noch nicht einmal gehackt sein, manchmal reichen ja schon ganz bestimmte Apps, die anderen ermöglichen SMS mitzulesen oder Gespräche mitzuhören.

Nur stellt sich hier die Frage, ob wir uns damit wirklich intensiv auseinandersetzen oder ob wir solche Sachen nicht eher verdrängen, so nach dem Motto, ach das wird mir so schnell nicht passieren.

Aber grundsätzlich können wir festhalten, dass gerade die ganzen technischen Veränderungen in Bezug auf TV-Geräte, Computer und Telefone uns von großem Nutzen sind. Also, „Ja" zur Veränderung!

Irgendwie wird mir gerade bewusst, dass fast alle Veränderungen der letzten Jahre sich durch die technische Weiterentwicklung ergeben haben.

Und wenn wir eben schon bei antiquierten Geräten waren, müssen wir uns unbedingt über das Thema Musik austauschen. Speziell das Hören und Aufnehmen von Musik. Wie sieht es heute aus? Genauso wie wir Filme streamen, können wir das mit der Musik auch machen. Wir laden unsere Lieblingsinterpreten herunter und haben diese digital, das heißt in höchster Tonqualität zur Verfügung. Wenn wir uns die Vergangenheit noch einmal bildlich vor Augen führen, kommen uns doch sofort folgende Bilder ins Gedächtnis:

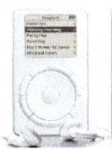

Haben Sie früher auch die Radiocharts aufgenommen? Ich weiß noch, dass ich abends vor dem **Radio-Kassettenrekorder** saß, die Sendung mit den Charts verfolgte und die Finger am Record- und Playknopf hatte. Jetzt musste sekundengenau gedrückt werden, dann vollste Konzentration auf das Ende des Liedes und wehe der Radioreporter quatsche zu früh in das Lied hinein, dann war die ganze Aufnahme für die Katz.

Kommt Ihnen das irgendwie bekannt vor? Haben Sie damals für Ihren Freund oder Ihre Freundin auch eine komplette Kassette aufgenommen? Je nach Gefühlslage mal Lovesongs oder Popsongs. Und dann auch alle Lieder schön ordentlich aufgelistet? Die konnten dann immer auf dem **Walkman** abgespielt werden. Waren das noch Zeiten.

Bis dann die Musik-CD den Markt erobert hat. Voraussetzung war, dass man seinen alten Kassettenrekorder durch einen **CD-Player** ersetzt hatte.

Ganz weit vorn war man, wenn man sogar einen tragbaren CD-Player hatte. Was sind wir damals mit dem Gerät auf der Schulter durch die Gegend gelaufen. Als Vorbild immer die amerikanischen Filme, in denen die Hip Hopper in ihren lässigen Outfits und mit schallender Musik durch die Straßen zogen. Der „Ghettoblaster" war immer dabei. Herrlich.

Diese „wunderbaren" Zeiten wurden dann durch den *MP3-Player* und später durch den *IPod* abgelöst. Auf einmal konnten wir ganz viele Lieder auf dieses kleine Gerät laden. Und das noch in einer viel besseren Tonqualität als das bei der Kassette der Fall war. Der Sound dieser auf Kassette aufgenommen Lieder war doch echt gruselig, oder? Aber auch hier gilt, damals war das ganz normal.

Die Entwicklung der IPods oder anderer technischer Hilfsmittel ging natürlich immer weiter. Bis hin zum häufig erwähnten Handy. Denn mittlerweile reicht ja vielen das Handy, um dort ihre Lieblingslieder zu hören.

Bei diesen ganzen Veränderungen würde ich gern zur Abwechslung auch mal die Dinge erwähnen, die sich nicht geändert haben. Und zwar die ganz alltäglichen Sachen, wie zum Beispiel: Duschen, Baden, Haare waschen, Zähneputzen, Wäsche waschen, Kochen, Putzen, Müll rausbringen.

Okay, Sie haben Recht, wenn Sie sagen, bei der ein oder anderen Sache haben auch immer mehr technische Mittel Einzug gehalten. Zähne putzen wir mittlerweile größtenteils elektrisch, die Waschmaschinen werden immer leiser und besser oder zum Kochen und Putzen gibt es immer weiter entwickelte Hilfsmittel. Ja, so gesehen verändert sich auch hier einiges.

Was aber auf jeden Fall geblieben ist, das sind wir Menschen. Gott sei Dank gibt es uns immer noch. Also leider nicht alle, aber so ganz generell. Wir Menschen verfügen immer noch über die selben Emotionen, die es damals auch schon gab.

Wir lachen, wir weinen, wir schreien und wir schweigen. Wir fluchen, wir jubeln, sind frustriert und verärgert, und auch manchmal voller Trauer. Aber wir sind auch voller Freude, Energie, Stärke und Kraft.

Wir kriegen Kinder, bauen Häuser, fahren Auto. Wir besuchen Freunde und Familie, gehen auf Hochzeiten und Jubiläen. Wir erleben Scheidungen und leider auch Beerdigungen. Diese ganzen Gefühle und Emotionen, die kann uns doch keiner nehmen.

Wobei ich letztens mit einem angesehenen Verhaltens- und Zukunftsforscher über das Thema „KI", also „Künstliche Intelligenz" gesprochen habe.

Er erzählte mir, dass die Forschung in Bezug auf „KI" und auf Roboter in der letzten Zeit entscheidende Fortschritte gemacht hätte. Was heißt das jetzt konkret für uns? Werden wir irgendwann alle durch Roboter ersetzt? In vielen Berufsgruppen tauchen diese ja schon immer häufiger auf. Sie erledigen speziell ausgewählte Aufgaben schneller, sauberer, zuverlässiger und effizienter, als wir Menschen das je tun könnten.

Erleben dann bald auch Roboter auch unsere privaten Emotionen? Ich weiß nicht, wo das hinführen wird und ich bin auch ganz froh, dass ich den Großteil dieser Entwicklungen gar nicht mehr erleben werde. Wer weiß wozu es gut ist. Bleiben wir doch lieber im hier und jetzt, beziehungsweise in der Vergangenheit. Denn da kennen wir uns doch aus.

Wie sieht es denn bei Ihnen so mit dem Geld aus? Gut? Das freut mich. Ich meine jetzt auch nicht Ihren Kontostand, sondern wir haben mal Zeiten vor dem Euro gehabt. Sie erinnern sich? Die gute alte **D-Mark**. Wer von Ihnen vermisst sie noch heute?... So weit würde ich jetzt bei mir nicht gehen, aber ich habe vor kurzem wieder jemanden getroffen, der zu mir sagte:

„Das wären ja so und so viel Mark!"

Diese Person hat tatsächlich immer noch den Eurobetrag in DM umgerechnet. Das mache ich auf jeden Fall nicht mehr.

Aber ich weiß ja nicht, wie es Ihnen geht, ich vermisse gerade im Urlaub so ein bisschen die Zeiten des Geldwechselns, der Umrechnungskurse und des im Geschäft Stehens, so ganz nach dem Motto:

Wie ist nochmal der Wechselkurs? Wieviel DM sind das jetzt?

Da sah man die Touristen in den Geschäften stehen, den Zettel in der Hand auf dem die Wechselkurse standen, über den Preis diskutieren. Oder abends im Restaurant während die Speisekarte studiert wurde:

„Sag mal Schatz, wieviel Mark sind das jetzt?"

Kommen Sie, das hat doch irgendwie auch Spaß gemacht. Ja klar, manchmal hat es auch genervt. Aber es gehörte doch zum Urlaub im Ausland dazu. Das waren noch die Zeiten, als wir schon in Deutschland Geld gewechselt haben und dann das Portemonnaie gut bestückt zum Beispiel mit DM und Peseten hatten. Und dann noch die Schecks, diese Reiseschecks. Jeder riet einem davon ab, zu viel Bargeld mitzunehmen, lieber Reisechecks oder Travellerschecks, wie sie damals hießen. Gibt es die heute eigentlich noch?

Natürlich gibt es auch heute noch genügend Länder in denen wir in den Genuss des Geldwechsels kommen können. Wenn wir uns aber in der Eurozone aufhalten, dann brauchen wir eben nur noch den Euro, eine Kreditkarte oder das Handy. Denn auch damit können wir ja mittlerweile bezahlen. Stichwort „ApplePay".

Ist das eigentlich schlimm, wenn ich hier ungewollt Werbung mache? Leider bekomme ich dafür gar kein Geld. Hätte ich mal lieber vorher klären sollen. Aber egal, es gibt wichtigeres.

Ich muss mich an dieser Stelle nochmal wiederholen: Gibt es eigentlich irgendetwas was man heutzutage nicht mit dem Handy machen kann?

Wo wir gerade bei Thema Urlaub sind. Wir können ja sogar unsere Reisen auf dem Handy buchen. Können Sie sich noch an die Zeiten erinnern, als Sie noch persönlich ins *Reisebüro* gegangen sind? Als Sie zuhause noch die ganzen *Kataloge* gewälzt haben? Ist doch noch gar nicht so lange her.

Wer geht denn heutzutage noch ins Reisebüro? Diese ganzen Vergleichsportale im Internet zwingen uns ja förmlich nicht mehr dorthin zu gehen.

Ich weiß ja nicht wie es bei Ihnen war, aber ich bin früher immer sehr gern ins Reisebüro gegangen.

Irgendwie war dieses dort sitzen, umgeben von den ganzen Katalogen und Bildern an der Wand, das Warten auf das Ergebnis des Computers, welches mir die nette Dame gleich mitteilen würde, all das war doch schon die Vorstufe zum geplanten Urlaub. Ich hatte dann schon so viel Vorfreude in mir, dass ich es gar nicht mehr abwarten konnte bis es endlich losging.

Na klar, die Vorfreude entsteht heute auch wenn man die Internetseiten durchforstet. Aber seltsamerweise ist das Gefühl nicht das gleiche. Geht Ihnen das auch so?

Ich glaube, ich werde morgen mal in das kleine Reisebüro bei uns im Ort gehen. Mal gucken was die uns dort Schönes für den nächsten Urlaub anbieten können. Ins Internet gehen kann man ja immer noch.

Aber eines werde ich auf gar keinen Fall tun. Mich im Reisebüro erkundigen und dann im Netz buchen. Das geht gar nicht. Das ist nämlich leider auch so eine neue Unsitte, die durch die technischen Möglichkeiten entstanden ist. Viele Leute gehen zwar noch in die Stadt und in die Geschäfte, um sich Sachen anzuschauen, aber viele von denen kaufen es nachher im Internet. Nur weil es dort vielleicht ein paar Euro billiger ist und sie es sich bequem nach Hause schicken lassen können. Dann bestellen Sie es doch direkt von zu Hause. Machen Sie doch den Verkäufern oder Ladenbesitzern keine falschen Hoffnungen. Verschwenden Sie bitte nicht deren Zeit. Intensiv beraten lassen und dann woanders kaufen. Ein „No Go!"

Wie wäre es denn, das Ganze einfach mal andersherum zu machen. Wir schauen uns Sachen im Internet an und gehen dann in die Geschäfte. Was spricht dagegen, die Wirtschaft live vor Ort anzukurbeln? Im Geschäft können wir dann die Ware sehen. Also richtig sehen. Wie sieht sie bei bestimmten Lichtverhältnissen aus? Wie ist sie verarbeitet? Wie fühlt sie sich an? Wie sieht sie an mir aus? Welche Größe passt mir? Und vieles mehr. Und wenn wir schon mal in der Stadt oder im Einkaufscenter sind, warum denn nicht gleich noch einige andere schöne Sachen kaufen?

Wenn wir das nicht machen, das heißt, wenn wir immer seltener in die City gehen, um dort einzukaufen, werden immer mehr Geschäfte schließen. Irgendwann gibt es dann an jeder Ecke nur noch Paketabholstationen. Denn dieser ganze Online-Bestell-Wahnsinn muss ja irgendwo hin geliefert werden oder besser gesagt, die Unmengen von Retouren müssen ja irgendwie verarbeitet werden.

Wir sehen auch in diesem Fall, nicht alle Veränderungen bringen unbedingt etwas positives mit sich. Auf der einen Seite können wir fast alles bequem von zu Hause erledigen, auf der anderen Seite werden wir dadurch möglicherweise auch immer fauler. Wir müssen ja theoretisch keinen Schritt mehr vor die Tür machen.

Wenn wir schon gerade zu Hause sind, also bildlich gesprochen, verfügen Sie auch schon über ein so genanntes *„Smart Home"*? Das „clevere Zuhause".

Es gab Zeiten, da mussten wir die Jalousie noch per Hand bedienen, das Licht direkt am Schalter einschalten und die Heizung manuell einstellen. Um nur ein paar Beispiele zu nennen. Heutzutage ist alles miteinander vernetzt. Sie können ja sogar die Kaffeemaschine über Ihr Handy oder ein Touchpad steuern.

Alles schön und gut, aber ob das für unsere eigene Gesundheit so vorteilhaft ist, wage ich zu bezweifeln. Wir bewegen uns doch größtenteils eh schon zu wenig. Wir sitzen im Auto, im Büro und jetzt auch noch zu Hause.

Kein Wunder, wenn die Kilos nicht purzeln, sondern auf einmal die Waage mehr anzeigt, als wir uns erhofft hatten. Am besten sitzt man dann zu Hause auf der Couch, hat das Fitnessarmband am Handgelenk, welches die Schritte zählen soll und bewegt sich aber keinen Zentimeter.

Demnächst haben wir dann noch einen kleinen Roboter zu Hause, der uns alles Nötige bringt und die wichtigsten Dinge zu Hause erledigt. Dann brauchen wir gar nicht mehr aufzustehen. Wo soll das nur hinführen?

Womöglich können wir uns in einigen Jahren mit dem Handy von einem Ort zum anderen „beamen". Na gut, das wird so schnell wohl doch nicht passieren. Noch mal Glück gehabt. Zumindest werden die meisten von uns das nicht mehr erleben.

Wenn das dann wirklich mal soweit ist, gibt es wahrscheinlich auch fliegende Autos und alles wird nur noch über Computer gesteuert. Für die Kids von heute ganz normal, die wachsen ja damit auf. Wenn Sie heute Kinder so im Alter von ca. 8-10 Jahren fragen, welches denn ihr liebstes Fach in der Schule wäre, dann bekommen Sie häufig die Antwort: *„Sport und das mit dem IPad."*

Na Gott sei Dank ist wenigstens noch Sport mit dabei. Also ein bisschen Bewegung macht den meisten wohl doch noch Spaß. Mittlerweile gibt es ja schon „Computersport". Da „daddeln" professionelle Spieler stundenlang und kriegen auch noch Geld dafür. Sogar Weltmeisterschaften und Fernsehübertagen gibt es von diesen Events. Kein Wunder das die Jugend von heute gar kein großes Interesse mehr daran hat, vor die Tür zu gehen oder zum Beispiel den Führerschein zu machen beziehungsweise ein eigenes Auto zu besitzen. Laut Statistiken wird der Führerschein, wenn überhaupt, immer später gemacht. Und wenn man ihn dann hat, dann wird „Carsharing" gemacht.

Da mietet man für kleines Geld und für eine bestimmte Strecke lieber ein fremdes Fahrzeug, als ein eigenes zu besitzen.

Apropos *Auto*. Kommen wir zu uns Vollblutautofahrern. Beim Auto können wir die Veränderungen doch am allerbesten wahrnehmen. Können Sie sich noch an Ihr erstes Auto erinnern?... Und, was war es für ein Modell?... Ich hatte einen Golf II. Das war für mich zu der Zeit der absolute Wahnsinn. Das erste Auto, dann noch ein VW und diese Ausstattung, einfach ein Traum. Damals zumindest. Denn wenn wir uns überlegen, was es zu jener Zeit gab oder besser gesagt nicht gab, dann kann man sich das heute gar nicht mehr so richtig vorstellen.

Liebe junge Leute, es gab Zeiten, da hatten die Autos nur auf der Fahrerseite einen Außenspiegel. Es gab keine Airbags, keine Servolenkung, kein Navigationssystem, keine Klimaanlage oder geschweige denn irgendwelche Rückfahrkameras. Und von dem grundsätzlichen Komfort und allen anderen Annehmlichkeiten wollen wir gar nicht erst reden.

In unserer jetzigen Zeit verfügt ja fast jeder Kleinwagen über die wesentlichsten Hilfsmöglichkeiten. Denn nichts anderes ist es letztendlich. Es sind reine Hilfsmöglichkeiten.

Veränderungen, die uns das Leben oder in diesem Fall, das Autofahren leichter machen sollen. Der Weg zum autonomen Fahren ist ja schon geebnet. Aber wollen wir das wirklich? Wollen wir uns in unser Auto setzen, das Ziel eingeben und das Fahrzeug allein fahren lassen?

Möglichweise bin ich da ja etwas altmodisch. Aber ich fahre doch Auto, um das Auto zu fahren. Ich will doch derjenige sein, der es durch die Straßen steuert. Ich setze mich nicht ins Auto, um dann gemütlich hinter dem Steuer ein Buch zu lesen. Das kann mir doch keiner erzählen, dass er sich in Ruhe auf ein Buch konzentrieren kann, wenn das Auto allein seinen Weg sucht.

Bin ich zu altmodisch? Mag sein. Mich reizen auch diese E-Autos nicht.

Man setzt sich rein, fährt los und hört nichts. Nur ein leises Surren. Leute, das ist doch kein Autofahren. Autofahren heißt, etwas zu erleben, etwas zu hören und zu spüren.

Wobei ich auf der anderen Seite sagen muss, dass ich früher auch kein Freund von Automatik-Fahrzeugen war. Ich wollte immer nur Schaltwagen fahren. Ich habe meine Eltern belächelt, wenn die von Ihrer Automatik geschwärmt hatten. Mittlerweile möchte ich darauf nicht mehr verzichten. Also, wer weiß, womöglich fahre ich in einigen Jahren doch mit einem Elektroauto durch die Gegend. Ich kann es mir zwar heute noch nicht vorstellen, aber wir wollten doch „Ja" zur Veränderung sagen. Na, mal gucken…

Veränderungen gibt es in Bezug auf Autos und Straßenverkehr ja zu genüge. Aktuell sind ja immer wieder die Dieselfahrverbote ein riesiges Gesprächsthema. Die Luft in unseren Städten muss sauberer werden. Also sperren wir einfach alte Dieselkarossen aus. Im Zuge dieser Dieseldiskussionen kamen dann auch die ganzen Manipulationen der Autohersteller ans Tageslicht.

Früher gab es Pfusch am Bau, heute gibt es Pfusch am Fahrzeug. Speziell am Diesel. Gibt es eigentlich irgendeinen Hersteller, der seine Kunde nicht verarscht hat? Entschuldigen Sie bitte meine Ausdrucksweise.

Aber es ist doch wahr. Wir Kunden werden von hinten bis vorne belogen und betrogen.

Gibt es bei den ganzen technischen Veränderungen in unserem Leben nicht eine Erfindung, die uns davor schützen kann? Warum hat sich darüber noch keiner Gedanken gemacht?

Vielleicht ist es müßig, sich darüber auszulassen oder sich diesbezüglich zu viele Gedanken zu machen. Aber je älter ich werde, desto mehr beschäftige ich mich auch mit solchen Themen? Geht Ihnen das auch so? Früher hat man sich an solchen Diskussionen nicht wirklich beteiligt. Heute sieht das schon ganz anders aus. Hat das nur etwas mit dem Alter zu tun oder vielleicht auch mit einem bewussteren Umgang mit der Umwelt oder mit bestimmten Themen?

Womöglich werde ich auch einfach nur alt. Diesbezüglich gab es ja noch keine bahnbrechenden Veränderungen. Manche sagen, leider, andere sind froh darüber. Wie geht es Ihnen damit? Würden Sie gern die Möglichkeit haben, Ihr Leben zu verlängern? Oder sich einfrieren und in 100 Jahren wieder auftauen zu lassen?

Ich denke, manche Dinge sind gut so wie sie sind und sollten so schnell auch nicht verändert werden. Und viele Dinge können auch gar nicht verändert werden.

Das Wetter zum Beispiel. Okay, das ändert sich schon von ganz allein. Oder besser gesagt, es verlagert sich von selbst. Der Frühling wird zum Sommer und der Herbst wird zum Winter und so weiter und so weiter. Also letztendlich sind wir es dann doch, die das Wetter verändern.

Zwar nicht bewusst oder gewollt, aber durch unsere ganze Entwicklung, die Veränderungen der Industrie und Produktion, durch die ganzen Treibhausgase verändert sich langsam aber sicher auch das Wetter. Und diese Veränderungen ziehen dann ja auch einiges anderes nach sich. Die Pflanzen- und Tierwelt muss sich genauso umstellen, wie wir Menschen das auch müssen.

Oder sind das alles Ammenmärchen? Was meinen Sie? Hat das, was wir tun Auswirkungen auf die Umwelt und auf das Wetter? Gefühlt schon, oder? Ich höre so oft ältere Menschen, die mir sagen, *also früher gab es noch einen richtigen Sommer. Und der Winter war auch ein Winter.* Interessanterweise habe ich mich letztens selbst ertappt, als ich genau das auch gesagt habe. Da haben wir es wieder, ich werde alt.

Aber mal ganz realistisch betrachtet. Ich habe in meiner Kindheit den größten Teil meiner Sommerferien bei meiner Oma in Niedersachsen verbracht.

Sie hatte einen schönen großen Schrebergarten, in dem alle möglichen Obstsorten wuchsen. Wenn ich an diese Zeit zurückdenke, habe ich das Gefühl, dass zu der Zeit immer schönes Wetter war. Wir waren jeden Tag im Garten. Ich habe mit anderen Kindern gespielt, wir haben Gartenfeste gefeiert und es war Sommer.

Oder ist das wieder so ein Fall, bei dem man sich nur an die Sachen erinnert, an die man sich auch erinnern will?

Gibt es den Klimawandel tatsächlich. Während ich gerade dieses Buch schreibe pfeift wieder eine ordentliche Windböe an meinem Fenster vorbei. Irgendwie hat man schon das Gefühl, dass sich das Wetter ändert. Nur leider nicht zum Guten.

Da haben wir es wieder, wir sehen in Veränderungen oftmals nur das Schlechte. Passend dazu fällt mir gerade ein Beispiel aus unserem Training, beziehungsweise aus der Praxis ein. Ich möchte Sie kurz mal aus Ihrer augenblicklichen Situation herausreißen. Versetzen Sie sich bitte mal in folgende Lage:

Sie sind Teamleiter eines 10 Personen starken Teams. Sie kommen Montagmorgen in Ihr Büro, Ihre Assistentin empfängt Sie schon ganz aufgeregt mit den Worten:

„Chef, haben Sie es schon gehört? Ihr bester Mitarbeiter, Herr XY, hat gekündigt!"

Wie ist Ihre spontane Reaktion?...

Die meisten von uns würden wahrscheinlich so reagieren, dass wir sagen: *„Was? Wieso das denn? Warum erfahre ich das erst jetzt? Was machen wir denn jetzt?"*

Wie reagiert eine gut geschulte Führungskraft? Die macht folgendes. Die schaut ihre Assistentin freundlich an und antwortet:

„Hurra, ein Problem! Endlich werde ich gebraucht!"

Was halten Sie davon? Verrückt der Autor? Mag sein. Was können wir denn festhalten? Wir können an der Situation doch eh nichts mehr ändern. Also, sollen wir jetzt auf unserem Bürostuhl jammernd vor uns hinvegetieren oder können wir das Ganze als Chance sehen? Denn, dieser Satz *„Hurra, ein Problem!"* ist nicht einfach nur ein Satz. Nein, es ist eine Einstellungssache.

Und zwar deshalb, weil man jetzt uns, die Führungskraft braucht, um aus einer vermeintlich negativen Sache etwas Positives zu machen. Und seriös formuliert kommen wir wieder zu der Überschrift dieses Buches: *JA, zur Veränderung!*

Dieses Beispiel mit der Führungskraft und seinem Mitarbeiter lässt sich ja auch wunderbar auf viele Situationen in unserem Leben ummünzen:

Wenn zum Beispiel der Nachwuchs in der Schule sitzen bleibt, dann könnten wir aus der Haut fahren, uns ärgern, das Kind bestrafen oder was auch immer. Wir könnten aber genauso gut unseren Ehepartner freundlich anschauen und sagen: *„Hurra, ein Problem! Endlich werden wir gebraucht!"*

Denn in diesem Moment braucht man uns als Eltern, um aus einer vermeintlich negativen Sache etwas Positives zu machen. Was dann möglicherweise so aussieht, dass man dem Kind Unterstützung anbietet, es aufbaut und motiviert aus seinen eventuellen Fehlern zu lernen.

Oder nehmen wir ein anderes Beispiel. Wenn mal wieder der Kollege anstatt unser eins befördert wird. Dann könnten wir den ganzen Laden in dem wir arbeiten verfluchen, inklusive der Geschäftsleitung, die aus unserer Sicht den falschen befördert hat.

Wir könnten aber auch abends nach Hause kommen, unseren Ehepartner freundlich anschauen und sagen: *„Schatz, hurra, wir haben ein Problem!"* Okay, der Zusatz *„endlich werde ich gebraucht"* passt an der Stelle vielleicht nicht so hundertprozentig.

Aber auch hier gilt der gleiche Ansatz. Wollen wir den Kopf in den Sand stecken und die Schuld immer den anderen geben oder wollen wir am nächsten Tag mit erhobenem Haupt in die Firma gehen und durch Leistung, Einsatz und Energie den anderen zeigen, dass man bei der nächsten Beförderung nicht um uns herumkommt? Was hilft uns mehr? Entscheiden Sie selbst.

Letztendlich können wir diese Vorgehensweise auf viele verschiedene Situationen in unserem Leben ummünzen, denn wir sehen, es ist alles eine Frage der richtigen inneren Einstellung.

Die richtige innere Einstellung brauchte man auch, wenn man seine nicht mehr benötigten Sachen auf dem *Trödelmarkt* verkaufen wollte. Haben Sie das in jungen Jahren auch gemacht? Für uns war das ein richtiges Abenteuer. Erst mal die ganzen Sachen zusammensuchen, für die man keine Verwendung mehr hatte. Am besten Kleidung. Klamotten jeglicher Art gingen immer besonders gut.

Dann, wenn man der Meinung war, dass sich das auch lohnt, einen Platz auf dem Trödelmarkt reservieren. Telefonisch, nicht Online. Schön „Oldschool". Wie viele Meter und an welcher Stelle?

Wenn das geregelt war, musste man Tische besorgen.

Gern genommen wurden Tapeziertische. Die waren sehr lang, so dass dort einiges drauf passte. Der nächste Schritt war mit das aufregendste. Man musste am besten abends schon mal das Auto packen, denn morgens um 5:00 Uhr war Aufstehen angesagt. Spätestens um 6:30 Uhr musste man auf dem Trödelmarkt sein, um in Ruhe seinen Stand aufbauen zu können. Wenn man Glück hatte, konnte man mit dem Auto bis kurz vor den Stand fahren und dann die Sachen ausladen.

Haben Ihnen die „Kunden" damals auch beim Ausladen geholfen? Ich weiß noch, dass wir gerade begonnen hatten, die Tische aufzubauen und die ersten Waren zu positionieren, da rissen uns die Leute schon die Klamotten aus der Hand.

Vor dem eigentlichen Verkaufsbeginn hatten wir schon einen Teil unserer Kleidung verkauft. Das war chaotisch kann ich Ihnen sagen. Aber irgendwie auch aufregend. Und das ging dann auch den ganzen Tag so weiter. Voller Hektik, immer versuchend, den besten Preis rauszuholen, verging dieser Tag wie im Flug.

Und allein das Handeln war schon eine echte Herausforderung. Da standen auf einmal die „Profikunden" vor einem, die dir knallhart ins Gesicht sagen, was sie dafür bezahlen wollen. Und das war meilenweit von dem entfernt, was man sich selbst vorgestellt hatte. Aber irgendwie hat man sich auch da reingearbeitet.

Am Ende des Tages hieß es dann Kassenabschlag machen. Hatte sich der ganze Aufwand auch wirklich gelohnt? Wie war es bei Ihnen? Sind Sie mit einer guten Summe nach Hause gefahren? Ich hoffe doch.

Trödelmärkte gibt es ja heute auch noch. Aber die Generation von heute verkauft mittlerweile ihre Waren lieber bei ebay. Das ist wesentlich unkomplizierter, aber auf der anderen Seite auch weniger spannend. Klar ist es aufregend zu sehen, wer wieviel bietet. Aber wir haben keinen direkten Kontakt zum Kunden. Zu den Menschen. Auf dem Trödelmarkt standen wir uns Auge in Augen gegenüber. Da ging es um Emotionen, Blickkontakt und Ausstrahlung.

Gerade deshalb ist es sehr spannend zu beobachten, ob und wie wir Menschen uns eigentlich generell verändert haben. Hat sich unser Verhalten, der Umgang mit anderen verändert? Waren wir früher freundlicher, unbeschwerter oder ausgelassener? Ist so etwas überhaupt messbar? Gibt es eine Richtlinie für den Umgang mit Menschen? Natürlich gibt es die seit vielen Jahren gängigen Verhaltensregeln. Es gibt Werte, nach denen wir leben oder leben sollten. Aber wie sieht es in der Realität aus?

Wenn man sich so die Berichte in den Medien ansieht, hat man das Gefühl, es wird alles immer schlimmer. Wesentlich mehr Gewaltverbrechen, Ausschreitungen und sonstige Negativschlagzeilen das Verhalten von uns Menschen betreffend. Oder liegt es an diesen ganzen medialen Möglichkeiten, dass uns das nur so vorkommt? Gab es früher nicht ebenso viele Verbrechen und Katastrophen? Nur die Art und Weise der Berichterstattung war viel begrenzter. TV, Radio und Zeitung. Das war es. Heute ist das Internet allgegenwärtig. Egal, wo wir uns befinden, wir können uns der Flut dieser Nachrichten nicht entziehen.

Gibt es auch positive und schöne Nachrichten? Mit Sicherheit. Werden diese auch gesendet? Wenn ja, dann nur ganz beiläufig oder an nicht entscheidender Stelle. Ist das nicht traurig, wie sich diesbezüglich unsere Welt verändert hat?

Wir wachen morgens auf, der Radiowecker geht an, was hören wir? Schlechte Nachrichten, Mord und Todschlag. Nach dem Frühstück schauen wir ins Internet, was sehen wir? Schlechte Nachrichten, Mord und Todschlag. Wir gehen ins Bad, gucken in den Spiegel, was sehen wir? Mord und Todschlag!!! So ganz nach dem Motto: *Ich kenne dich nicht, aber ich wasche dich trotzdem!*

Auf dem Weg zur Arbeit ruft dann vielleicht noch unser Chef bei uns an, spricht mit uns über Dinge, die nicht so gut gelaufen sind – aber trotzdem erwartet man von uns, dass wir hochmotiviert an die Arbeit gehen, unsere Kunden und Kollegen zu Taten animieren und mit unserer Familie ein glückliches Beisammensein pflegen. Und das ist gar nicht so einfach.

Und schon sind wir wieder bei dem Thema Bewusstsein und Unterbewusstsein. Denn wenn es uns nicht gelingt, diese negativen äußeren Einflüsse abzuwehren, das heißt, sich in dem Moment bewusst mit ihnen auseinander zu setzen, dann gehen wir mit ihnen unter. Wir lassen uns dermaßen beeinflussen, dass alles nur noch einen negativen Charakter hat.

Gelingt es uns auf der anderen Seite, unser Bewusstsein in dem Moment einzuschalten, dann haben wir die Chance, diese negativen Impulse beiseite zu drängen und uns auf die schönen Dinge des Lebens zu konzentrieren.

Genau wie mit den Veränderungen. Alles eine Frage der richtigen inneren Einstellung. Passend dazu würde ich gern mal eine Frage in den Raum stellen:

„Welche Hindernisse stellen sich uns Menschen eigentlich so Tag für Tag in den Weg?"

Darf ich an dieser Stelle mal ausnahmsweise nur von mir selbst sprechen? Denn die Hindernisse, denen ich täglich begegne, sind zu vergleichen mit einer dicken, dreifachen Panzerplatte!

Das erste Hindernisse, welches mir morgens begegnet, das bin **ICH** selbst. Warum? Es gibt Tage, da würde ich lieber im Bett bleiben, als zum Kunden, ins Büro oder zum Training zu fahren.

Ich spreche bewusst nur von mir, denn auf Sie trifft das ja nicht zu. Sie sind ja morgens schon fit, voller Elan, Energie und Tatendrang, oder?

Sollte es mir gelingen das erste Hindernis so einigermaßen in den Griff zu bekommen, steht ruck zuck das zweite Hindernis vor mir. Ich nenne es mal das **DU**-Hindernis. Was kann das sein? Das kann der ewig nörgelnde Kunde, der unzufriedene Chef oder der Partner sein, der wieder alles anders gemacht hat, als es eigentlich mit ihm abgesprochen war.

Sollte es mir dann gelingen, dieses zweite Hindernis ebenfalls so einigermaßen in den Griff zu bekommen, steht ruck zuck das dritte Hindernis vor mir. Ich nenne es mal das **ES**-Hindernis. Was kann das sein? Das sind in der Regel irgendwelche materiellen oder physikalischen Grenzen, die uns einfach nicht erlauben, das zu tun, was wir gern tun würden. Wenn wir mal an ganz alltägliche Dinge denken, wie zum Beispiel: Gesetzliche Vorgaben, Regeln und Bestimmungen oder irgendwelche kulturellen Gepflogenheiten.

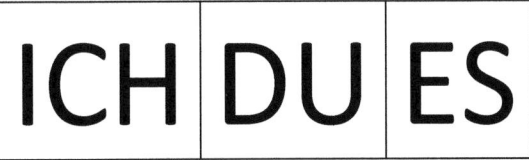

Und wenn wir uns diese drei Hindernisse einmal anschauen und wir haben ja gesagt, wir wollen bewusster, also auch positiver durchs Leben gehen, wo sind wir denn in der Lage auf anhieb etwas zu verändern?

Wie sieht es mit dem DU-Hindernis aus? Der Kunde, der Chef oder der Partner? Können wir die auf anhieb verändern?... Nein, keine Chance!

Wie sieht es mit dem ES-Hindernis aus? Den ganzen Bestimmungen und Vorgaben um uns herum? Können wir die auf anhieb verändern?... Nein, keine Chance!

Das heißt, wo ist unsere einzige Chance, etwas zu verändern? Richtig, bei **UNS** zu beginnen und uns so zu verändern, dass es uns leichter fällt mit diesen DU- und ES-Hindernissen besser fertig zu werden.

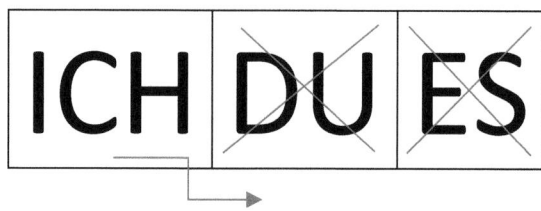

Es ist also noch nicht zu spät, sich mit dem herrlichsten, dem schönsten, dass es auf der Welt gibt, zu beschäftigen, nämlich mit uns selbst!

Ich darf Ihnen sagen, es ist aber auch am schwersten. Warum? Es ist doch immer einfach, die Schuld dem anderen zu geben. Zu sagen, der Kunde kapiert es einfach nicht, der Chef sitzt schon so lange hinter seinem Schreibtisch, der weiß gar nicht mehr was draußen los ist und naja, über den Partner da reden wir erst lieber gar nicht.

Das ist immer einfacher, anstatt sich selbst zu fragen, was könnte ICH denn anders machen, damit meine Umwelt anders auf mich reagiert.

Es ist Ihre Entscheidung. Sie haben es also in der Hand. Ist das nicht schön? Endlich mal etwas, was wir selbst steuern können. Nicht etwas, bei dem wir fremdgesteuert werden. Ist es nicht das, was wir alle immer wollen? Na dann, auf geht's!

Jetzt mache ich aber ganz schön Druck, oder? Ach, kommen Sie, Sie brauchen es doch auch. So ein „Tritt" in den Hintern hat noch keinem geschadet.

Okay, zu viel Druck ist natürlich auch nicht gut. Wir Menschen werden ja schon ab dem Kindesalter diesem ganzen Druck ausgesetzt. Kein Wunder, dass da der ein oder andere Jugendliche auch mal rebelliert. Oder auch die Erwachsenen, die diesem ganzen Erfolgsdruck förmlich ausgeliefert sind. Ist womöglich gerade dieser Erfolgsdruck im Laufe der letzten Jahre gewachsen? Muss alles immer besser werden, immer schneller funktionieren und noch effektiver sein?

Können wir da überhaupt noch mithalten oder wäre es vielleicht doch besser, wenn irgendwann die Roboter unsere Arbeit machen? Macht uns dieser ganze Druck, dieser Wandel womöglich sogar krank?

Es gibt verschiedene Studien, die Menschen im Alltag begleiten. Bei der Arbeit, mit der Familie, beim Treffen mit Freuden, beim Sport und bei Hobbys. Es gibt ganz unterschiedliche Ergebnisse diesbezüglich. Also leider kein klares Bild. Das hilft uns also auch nicht weiter.

Unterm Strich ist eines aber ganz klar. Wir selbst verändern uns. Es ist unaufhaltsam. Der Zahn der Zeit nagt an uns. Wurden wir früher von unseren Eltern im Kinderwagen durch die Gegend geschoben, schieben sich heute unsere Eltern selbst im Rollator durch die Gegend. Und es wird nicht mehr allzu lange dauern, bis wir uns in der gleichen Situation wiederfinden.

Wie sagt man so schön? Aus Kindern werden Erwachsene und aus Erwachsenen werden Kinder. Je älter wir selbst werden, desto bewusster wird einem diese prekäre Situation. Und das Schlimme daran, wir können es nicht verhindern. Wenn wir Glück haben, dann trifft es uns vielleicht nicht so hart wie manch andere. Dann brauchen wir aber schon verdammt viel Glück.

Mir würde es ja schon reichen, wenn sich allerhöchstens so leichte Gebrechen irgendwann melden. Dinge, mit denen man gut alt werden kann. Aber das Leben ist kein Wunschkonzert. Ich gehe steil auf die 50 zu.

Geht Ihnen das auch so, dass Sie ab einem gewissen Alter froh sind, wenn Sie mal mehrere Tage keine Beschwerden haben?

Wir müssen leider der Realität ins Auge sehen. Wir werden nicht jünger. Viele sagen, 50 ist das neue 30. Ja, toll. Hört sich prima an. Aber was sagt uns die Realität? Die sagt uns, dass die Sehstärke langsam nachlässt und wir eine Brille brauchen. Die sagt uns außerdem, dass der Bauch dicker wird und die Muskeln weniger, da der Körper sich umstellt. Der komplette Stoffwechsel verändert sich mit dem Alter.

Äußerlich können wir so einiges machen, um den natürlichen Veränderungen entgegen zu wirken. Wir können uns die Haare färben und uns Botox spritzen lassen, damit wir möglichst lange jung und frisch aussehen. Die Gefahr, dabei in die Künstlichkeit abzurutschen ist allerdings recht groß.

Ist auch das womöglich dem Druck unserer Gesellschaft geschuldet? Müssen wir diese Schritte einleiten, um mit den jungen und wilden mithalten zu können?

Letztendlich muss das jeder für sich selbst entscheiden. Ich kann dazu nur sagen, ich merke die Veränderungen und ich sehe und spüre sie nicht gern, das ist vollkommen klar.

Ich möchte an dieser Stelle auch nicht rumjammern oder Ihnen meine komplette Krankengeschichte erzählen, so schlimm ist die auch gar nicht. Aber um manche Dinge kommt man einfach nicht drumherum.

Um nur ein Beispiel zu nennen, seitdem ich vor einigen Jahren einen sehr heftigen Bandscheibenvorfall hatte, hat sich doch einiges verändert. Wieso? Weil ich auf jedes kleine Zipperlein, welches aus diesem Bereich kommt, besonders hellhörig reagiere. Meine Frau nennt mich mittlerweile schon einen Hypochonder.

Und ab und zu überlege ich, ob sie damit recht hat. Ich kann nur leider nicht aus meiner Haut. Wenn es irgendwo zwickt und zwackt befürchte ich sofort das Schlimmste. Ist natürlich völliger Unsinn. Vor allen Dingen, wenn man sich an dieser Stelle bewusst macht, wie schlecht es anderen Menschen geht. Aber in dem Moment ist man ein Egoist. Man denkt in erster Linie nur an sich. Auch das ist vielleicht menschlich und ganz normal.

An dieser Stelle gilt das Gleiche was auch bei den ganzen anderen Veränderung zutrifft – *Ja, zur Veränderung* – zu sagen. Wir können sicherlich vielen Dingen vorbeugen. Wir können Sport machen und uns Gesund ernähren. Wir können aufhören zu Rauchen und weniger Alkohol trinken.

Nur leider ist alles das kein Garant dafür, dass wir bei bester Gesundheit 100 Jahre alt werden. Ich freue mich für alle Menschen, die ein langes gesundes Leben haben.

Ich freue mich, wenn ich auf dem Golfplatz den 85jährigen sehe, der noch dreimal in der Woche dort seine Runden dreht. Ich wünsche mir, dass es mir genauso geht, dass ich das später auch noch kann.

Ganz realistisch betrachtet ist das aber alles völlig egal. Wenn es klappt, dann klappt es. Wenn es uns erwischt, dann erwischt es uns. Wenn die Veränderung uns kriegen will, dann kriegt sie uns auch. So ist das Leben.

Wissen Sie, ich bin ja schon froh, dass wir uns doch entwickelt haben, von damals Sammlern und Jägern, hin zu heute so modernen Menschen. Stellen wir uns doch bitte nur einmal vor, wir würden noch zu der damaligen Zeit leben. Gut, manche wünschen sich diese Zeit tatsächlich ab und zu zurück, aufgrund des ganzen Stresses, der um einen herum herrscht. Aber auf Dauer? Kommen Sie, da würden wir doch nicht überleben.

Ich unterhalte mich in unseren Trainings mit den Teilnehmern immer über das Thema Utopie. Die werden gefragt, was für sie persönlich eine Utopie ist.

Dann kommen oftmals Antworten wie: Mit 50 nicht mehr zu arbeiten. Lottogewinner sein. Chef des Unternehmens in dem derjenige arbeitet. Ein Haus auf Mallorca für den Ruhestand. Und noch vieles mehr.

Wenn wir diese Punkte allerdings einmal genau betrachten, stellt sich die Frage, sind das denn Utopien? Beziehungsweise, was ist denn überhaupt eine Utopie? Wir kann man diesen Begriff erklären?

-Eine Utopie ist etwas, was aus heutiger Sicht, in der Zukunft nicht machbar erscheint.-

Was heißt das konkret?

Eine Utopie kann die Realität von morgen werden. Es muss sich nur jemand intensiv mit dem Thema auseinandersetzen. Nehmen wir mal ein paar Beispiele:

Vor ca. 40 Jahren war es eine Utopie, als Privatperson zum Mond zu fliegen. Da gab es Romane von Jules Verne: „Die Reise zum Mond". Heutzutage, wenn wir über das nötige Kleingeld verfügen, gibt es in den USA eine Liste, dort können wir uns eintragen und irgendwann geht es dann ab zum Mond.

Oder vor ca. 30 Jahren war es eine Utopie, dass 500 Menschen in einem Metallkäfig von Kontinent zu Kontinent fliegen. Heute sind Großraumflugzeuge etwas ganz Normales.

Vor 20 Jahren, war es dort denkbar, dass ein Computer, der 1000 Arbeitsabläufe pro Sekunde schaffte, kleiner war als ein ganzes Kellergeschoss? Sie kennen vielleicht auch noch diese riesigen Computeranlagen. Heutzutage schafft der schnellste Computer eine Trillion Rechenoperationen pro Sekunde.

Was lernen wir daraus? Die Utopien von damals sind tatsächlich die Realität von heute geworden. So schließt sich dann auch wieder der Kreis. Wenn wir Menschen keine Utopien, also Fernziele hätten, dann würde sich unsere gesamte Welt gar nicht weiter entwickeln. Denn wenn nicht irgendwo auf der Erde jemand sagen würde, das oder das ist utopisch und ein anderer kommt dazu und sagt, das mag sein, aber lass uns mal versuchen, es zur Realität werden zu lassen, wenn es das nicht gäbe, dann wären wir heute doch immer noch die Sammler und Jäger.

Apropos sammeln. Wissen Sie was ich in meiner Kindheit gesammelt habe? *Matchboxautos*. Gibt es die überhaupt noch?

Okay, der Schritt ist jetzt gerade ein bisschen hart, aber mir fielen spontan diese kleinen Autos ein. Ich weiß auch nicht warum. Aber ich habe sie geliebt. Und ich hatte ganze Schuhkartons voll mit ihnen. Alle Modelle. Darunter einige Lieblingsautos.

Die ganzen amerikanischen Autos waren der Knaller. Polizeiwagen, Musclecars oder der TransAm von Burt Reynolds. Was habe ich damit gespielt. Im Zimmer, im Garten, im Sandkasten, ach eigentlich überall. Die wurden neben der **_Ritterburg_** und dem **_Fort_** meine Lieblingsspielzeuge. Typisch Junge, oder?

Wenn ich sehe, mit welchen Sachen die Kleinen heute spielen, dann sind das „singende Einhörner", „bellende Hunde" oder eben irgendwelche Spiele auf den Tablets. Hauptsache „digital". Oder gibt es die klassischen Spielzeuge immer noch? Zum Teil ja. Aber wird damit auch noch gespielt? Ich weiß es nicht. Ich weiß nur eins, das hat damals echt Spaß gemacht. Und je mehr ich daran denke, desto mehr Erinnerungen kommen mir wieder hoch. Ach, das war eine schöne Zeit.

Ein paar Jahre später erlebte ich dann das erste Mal das Gefühl von Sucht. Ja, Sie lesen richtig, ich war süchtig. Und zwar nach dem *Gameboy*.

Wer von Ihnen hatte auch einen Gameboy? Und, auch immer Tetris bis zum Abwinken gespielt? Stundenlang habe ich mit diesem Teil verbracht. Wenn ich in der Nähe meiner Eltern war, musste ich es immer auf lautlos stellen, weil dieses Gedudel alle nervte. Ich konnte gar nicht genug davon kriegen. Ich habe den Gameboy eigentlich überall hin mitgenommen. Familienbesuche, irgendwelche Feierlichkeiten, ins Auto, egal wo wir hingegangen sind, er war immer dabei. Ich sagte es ja, es war eine Sucht.

Diese Sucht verlagerte sich dann irgendwann, als einer meiner Freunde einen Atari Computer zu Hause hatte. Atari 64, beziehungsweise Commodore 64. Da ging das Zocken dann erst richtig los.

Ich sage es Ihnen, die Zeiten waren der Wahnsinn. Nach der Schule schnell ab nach Hause, Essen, wenn nötig Hausaufgaben machen und dann ab zum Kumpel und die neuesten Spiele zocken. Wir sehen, dass die Digitalisierung uns schon zu der Zeit voll im Griff hatte.

Auf diese Zeiten folgte dann recht schnell die Teenie Phase. Wodurch hat die sich ausgedrückt? Visuell durch unzählige Poster an meinen Wänden. Die damals angesagtesten Jugendmagazine wie Bravo, Popcorn oder Pop Rocky waren allgegenwärtig.

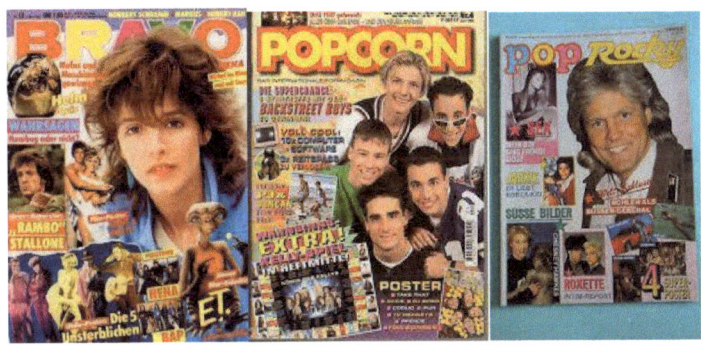

Sie warteten jede Woche mit neuen Postern oder Star-Schnitten auf. Und auch das war eine Sucht. Man musste unbedingt immer die neueste Ausgabe haben, sonst war man auf dem Schulhof ein klarer Außenseiter.

Mein Gott, waren wir früher bekloppt. Wenn ich mir vorstelle, wie mein Zimmer damals aussah. Die Wände und sogar die Decken voll mit diesen Postern.

Ob ich irgendwie ein Fan von Miami Vice war? Nein, wie kommen Sie denn darauf? Aber mal ehrlich, wer war das denn nicht? Miami Vice war einfach absolut Kult. Dieser Style der ganzen Serie, die Typen, die Autos, die Musik, das musste man einfach mögen. Und sind wir mal ehrlich, irgendwie wollten wir alle ein bisschen so sein wie Sonny Crocket oder Ricardo Tubbs. Die Idole unserer Jugend.

Was zu diesen Zeiten „in" war ist heute natürlich absolut „out". Manchmal gibt es jedoch ein Revival.

Gerade wenn es um Kleidung geht, sehen wir doch in regelmäßigen Abständen die Veränderungen. Und sie müssen uns nicht immer gefallen, aber sie sind da. Auch hier gilt, entweder man schwimmt mit der Welle mit oder man ist außen vor.

Ich war übrigens gern außen vor. Nicht weil ich ein Rebell war oder so. Nein, eher deshalb, weil es die neuesten Klamotten in meiner Größe nicht gab. Das hatte aber auch oftmals einen Vorteil, denn spitze Cowboystiefel sehen an einem 2-Meter-Mann mit Schuhgröße 48 echt bescheuert aus.

Sind Sie jeden Trend mitgegangen? Haben Sie sich immer das Neuste vom Neuen gekauft?

Die Modebranche ist wahrscheinlich eines der wenigen Gebiete, bei denen wir uns noch erfolgreich gegen Veränderungen wehren konnten. Und das war auch gut so und wäre auch für viele andere Menschen von großem Vorteil gewesen. Wenn man sich das mal genauer ansah, wie die Leute teilweise rumliefen, dann hat man sich häufig gefragt, ob die keinen Spiegel zu Hause hatten.

Das Schlimmste an diesen Mode-Schwankungen ist, irgendwann kommt das besagte Revival. Na prima, ich freue mich schon, wenn die Karotten-Jeans wieder in Mode kommt.

Nein danke, auf diese Bilder kann ich gut und gern verzichten. Gerade bei Klamotten ist zu erkennen, dass Veränderungen nicht immer positiv sein müssen. Und über Geschmack lässt sich ja bekanntlich nicht streiten.

Geschmack ist auch ein sehr passendes Stichwort. Wie hat sich der Nahrungsmittelsektor im Laufe der letzten Jahre verändert? Ich weiß gar nicht, wo ich anfangen soll. Zum einen essen wir nur noch gesund. Nur noch Bio. Oder Sie etwa nicht? Na gut, ich auch nicht. Mal abgesehen davon, dass man ja arm wird, wenn man nur noch Bio einkauft, bin ich diesbezüglich der falsche Ansprechpartner.

Ich bin eher derjenige, der sich durch die ganzen Negativschlagzeilen nicht verrückt machen lässt. Wenn es nämlich danach ginge, dürften wir ja überhaupt nichts mehr essen. Ich sage nur „Rinderwahn". Mensch was haben die uns alle kirre gemacht. Und dann erst die „Vogelgrippe". Die nächsten Aufmacher, die die ganze Medienlandschaft ausgeschlachtet hat. Die haben sich wahrscheinlich ein Loch in den Bauch gefreut, weil diese Schlagzeilen die Auflagen rasant in die Höhe getrieben haben. Und wie wir Menschen uns dadurch beeinflussen lassen, das können Sie am besten selbst beantworten.

Oder sind Sie sowieso Veganer oder Vegetarier oder was auch immer es sonst noch gibt? Hey, kein Problem. Jeder so wie er mag. Und das ist auch gut so. Es war früher so, ist heute so und wird auch morgen noch so sein. Nicht alles im Leben muss sich stetig verändern. Wir brauchen doch auch ein wenig Beständigkeit, ein bestimmtes „Gerüst", in dem wir uns bewegen können. So komplett im freien Fall, das ist auch nicht für uns. Zumindest für uns Deutsche. Vielleicht sieht das in anderen Ländern anders aus, aber das kann ich im Detail nicht beurteilen.

An dieser Stelle trifft die Frage „*War früher wirklich alles besser?*" natürlich wunderbar zu. Kann es sein, dass es tatsächlich so war? Also in Bezug auf Essen und Nahrungsmittel. Haben wir uns früher tatsächlich weniger Gedanken gemacht? Sind unsere Eltern viel unbefangener mit diese ganzen Thematik umgegangen?

Beständigkeit bedeutet auch eine gewisse Konstanz und Ruhe zu haben. Und gerade in unserer heutigen, besonders hektischen Zeit, ist das umso wichtiger. Veränderungen bewirken tatsächlich oftmals eine gewisse Unruhe. Sie treiben uns an. Nicht immer zu dem richtigen Ziel oder in die perfekte Richtung, aber sie bewegen uns. Wir bewegen uns. Heraus aus unserer Komfortzone.

Wie gern würde ich mich am liebsten immer in dieser schönen, warmen und schnuckeligen Komfortzone aufhalten. Aber nein, irgendwann steht wieder eine neue Veränderung vor der Tür und ich muss raus in die Kälte. Verdammt nochmal, können die mich denn nicht mal alle in Ruhe lassen?

Nein, können sie nicht. Möglicherweise ist auch genau das manchmal unser Glück. Denn stellen wir uns nur einmal vor, es würde keiner an unser geliebtes Gerüst klopfen, dann wären wir wahrscheinlich wirklich noch der Sammler und Jäger. Okay, so weit zurückgeblieben wären wir dann wohl doch nicht. Aber einen Zacken aus der Krone würden wir uns auch nicht brechen. Wir würden uns lieber nochmal umdrehen, die Decke über den Kopf ziehen und die anderen machen lassen. Sollen die sich doch mit diesen Veränderungen rumärgern. Wir müssen uns schon noch früh genug damit beschäftigen.

Wie gut, dass wir Menschen sind. Wir können immer noch frei entscheiden. Also meistens zumindest. Denn wenn wir uns mal unseren eigenen Weg vor Augen führen, dann lässt sich doch leider etwas sehr Erschreckendes feststellen.

Zu welchem Zeitpunkt unseres Lebens waren wir denn eigentlich ganz frei und ungezwungen?... Richtig, als Baby.

Sie erinnern sich noch? Wir lagen dort in dem Kinderwagen, die ganze Verwandtschaft stand um uns herum und sie sagten nur: *„Eideidei, ganz die Mutter oder ganz der Vater."*

Wir konnten machen was wir wollten. Ob wir lachten, schreiten, schliefen oder sogar, wenn wir in die Windel pullerten, alles war toll. Wir waren ganz frei und ungezwungen.

Dann ging es aber schon los. Wir kamen in den Kindergarten, oder wie man heute sagt, in die Kita. Was passierte? Ein Teil unserer Ungezwungenheit wurde uns entrissen. Es gab bestimmte Regeln, es gab Kindergärtnerinnen, so dass wir nicht mehr so frei agieren konnten, wie wir gern wollten.

Dann kamen einige von uns in die Schule. Da ging es erst so richtig los. Der nächste Teil unseres freien Handelns wurde uns entrissen. Lehrer, Schulstunden, Pünktlichkeit, Hausaufgaben, um nur ein paar einschneidende Dinge zu nennen.

Danach haben einige von uns einen Beruf ergriffen. Und auch hier wurde wieder ein großer Teil unserer Ungezwungenheit geklaut. Neben all den anderen Regeln gab es jetzt auch noch Vorschriften, einen Chef, der diese durchsetzte und Kollegen, die man auch nicht außer Acht lassen konnte.

Dann haben die mutigen unter uns geheiratet. Sie schmunzeln vielleicht gerade. Aber ganz objektiv betrachtet wurde uns auch hier wieder einer Teil unserer „Freiheit" entrissen. Wir konnten nicht mehr so sein wie als Kleinkind. Okay, der ein oder andere hat dann schnell wieder zur Flasche gegriffen, aber Sie wissen ja, Alkohol ist auch keine Lösung. Zumindest nicht auf Dauer. Und „schönsaufen" hält auch nur bis zum nächsten Morgen.

Eines wird aus diesen Beispielen doch ganz deutlich. Wir müssen uns immer mehr anpassen. Wir werden immer mehr in ein Korsett gepresst. Und dieses Korsett ist oftmals viel zu eng. Es nimmt uns förmlich die Luft. Und genau aus diesem Grund versuchen manche ganz bewusst auszubrechen. Und das ist auch gut so. Nur dann können wir uns einen Teil unserer Ungezwungenheit, unserer Freiheit und Kreativität wieder zurückholen.

Was jetzt nicht heißt, dass Sie sich alle sofort scheiden lassen sollen. Um Gottes Willen, nein. Aber es heißt, dass wir uns Mittel und Wege suchen müssen, um unser Leben selbst in den Griff zu nehmen. Es gibt in unserem Training diesen überaus zutreffenden Satz oder sagen wir besser dieses Motto:

Erfolg ist frei-willig!

Wir entscheiden doch selbst, in wieweit wir erfolgreich sein wollen. Wir haben es in der Hand. Wenn wir darauf warten, dass jemand anderes dafür sorgt, dass wir erfolgreich werden, dann können wir lange warten, denn das wird nicht passieren.

Gleichzeitig ist aber genau das vielleicht auch die Tragik in diesem Satz. Dieses *„frei-willig"*. Ganz bewusst auseinander geschrieben. Denn genau das ist das große Problem für viele Menschen. Oder sagen wir besser, die Herausforderung. Viele Menschen wissen überhaupt nicht, wie sie erfolgreich oder erfolgreicher werden können. Entweder, weil sie nicht den Weitblick haben, das heißt, sich auch nicht trauen aus der vermeintlichen Utopie eine Realität werden zu lassen oder weil ihnen einfach die Kreativität fehlt, da ihr Leben so dermaßen mit Scheuklappen versehen ist, dass sie nur noch in eine Richtung denken. So ganz nach dem Motto:

„Menschen denken in Einbahnstraßen!"

Aber es ist nie zu spät, aus dieser Einbahnstraße herauszukommen. Wir müssen es nur wollen und es selbst in die Hand nehmen. Wir müssen die Veränderungen für uns nutzen, unseren Vorteil darin sehen und somit auch für uns umsetzen. Lassen Sie uns doch auch mal egoistisch sein. An die anderen denken ist prima. Das machen wir ja auch schon.

Aber wann denken wir denn mal an uns? *Jetzt!* Also: *„Erfolg ist frei-willig"*, *aber es nie zu spät damit zu beginnen, sich konsequent erfolgsversprechend zu verhalten!"*

Ich habe mich ja in der Vergangenheit öfter mit einem Zukunftsforscher unterhalten. Und wir hatten beim letzten Mal ein spannendes Gesprächsthema, welches optimal dazu passt:

-Weitblick-

Sie merken anhand der letzten Seiten, ich drifte manchmal etwas ab, von der seichten Unterhaltung und den schönen bunten Bildern, hin zur Ernsthaftigkeit und den damit verbunden „Werkzeugen" fürs Leben. Lassen Sie sich davon bitte nicht abschrecken. Ich dachte nur, ein wenig Gehaltvolles in diesem Buch könnte nicht verkehrt sein.

Da kommt dann der Verhaltenstrainer wieder in mir durch. Denn wenn ich manchmal sehe, wie verknöchert oder mit Scheuklappen versehen meine Teilnehmer unterwegs sind, da frage ich mich dann schon, wie wollen die ihre Kunden zu Taten veranlassen oder wie wollen die ihre Mitarbeiter beflügeln?

Womöglich fehlt uns tatsächlich manchmal der Weitblick, weil wir dann doch zu egoistisch sind.

Was interessiert mich der Klimawandel? Wenn die Welt irgendwann absäuft bin ich sowieso nicht mehr da. Was kümmert mich der technologische Fortschritt? Sollen sie doch später alles mit Robotern steuern. Wenn ich im Grab liege ist mir das doch egal. Warum soll ich mir über verschmutzte Meere Gedanken machen, wenn ich doch eh nur im heimischen Schwimmbad schwimmen gehe? Warum soll ich weniger Treibhausgase produzieren? Was juckt mich die Ozonschicht, wenn ich mal unter der Erde liege?

Das ist jetzt vielleicht etwas überspitzt dargestellt, aber leider gibt es viele Menschen die so denken. Womöglich sind das aber die selben Menschen, die mit eben diesen besagten Veränderungen nicht klarkommen. Die fühlen sich in ihrem Korsett wohl und wollen diese für sich selbst auferlegte Komfortzone auch gar nicht verlassen. Na gut, nicht jeder kann ein Visionär sein. Das ist vollkommen in Ordnung. Aber dann meckern Sie auch bitte nicht, wenn Sie eine dieser Veränderungen nicht mögen oder damit nicht zurechtkommen.

Vor kurzem hatte ich folgendes Erlebnis. Ich stand hinter einem Mann, der gerade versuchte, ein Ticket am Parkautomaten zu ziehen. Auf einmal fing dieser Mann an zu fluchen:

„Dieses Mistding funktioniert mal wieder nicht. Diese scheiß Technik. Immer kaputt. Die alten Parkuhren haben wenigstens noch funktioniert."

Er drehte sich um, sah mich an, als wenn er von mir Bestätigung haben wollte und ging dann unverrichteter Dinge seines Weges.

Dieses Verhalten erinnert mich zum einen im entferntesten Sinne an den Sammler und Jäger. Der Jäger wollte seine Beute (in diesem Fall den Parkautomat) erlegen, hatte aber keine Chance. Zum anderen sind wir wieder bei den Veränderungen. Die Aussage, *„die alten Parkuhren haben wenigstens funktioniert"* zeigt mal wieder den Frust, den wir Menschen entwickeln, wenn etwas nicht funktioniert. Schuld sind immer die anderen. In diesem Fall der Automat. Und er hatte sogar recht. Aber was bringt es mir, wenn ich mich in dem Moment darüber aufrege? Warum nicht einfach umdrehen, gucken, wo der nächste Automat steht und dorthin gehen. Wenn es dann ganz blöd läuft, funktioniert der allerdings auch nicht. Na prima, dann haben wir den Salat. Alles geht wieder von vorn los.

Bei der alten Parkuhr und bei den neueren Parkautomaten gilt das gleiche System, nämlich bezahlen mit Kleingeld. Das erinnert uns doch sehr an die Telefonzelle.

Man musste zum einen Kleingeld bei sich haben und dann hoffen, dass es auch angenommen wurde. Hatte ein bisschen was von Glücksspiel.

 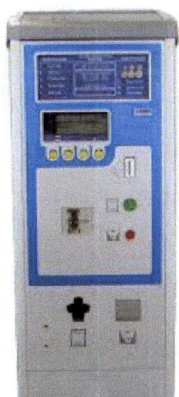

Wie gut, dass wir heutzutage in vielen Parkhäusern mit dem Handy bezahlen können und unser Auto zusätzlich gar nicht mehr selbst einparken müssen. Das erledigen mittlerweile dann auch die Parkroboter.

Auch hier bin ich vielleicht ein wenig altmodisch. Aber für mich gehört das Einparken zum Autofahren dazu. Natürlich ist man manchmal genervt, wenn man sieht, wie die anderen Autos geparkt werden. Wo normalerweise zwei Autos hinpassen, steht ein Wagen so dämlich, dass man aus der Haut fahren könnte.

Unter dem Aspekt sind die Parkroboter Gold wert. Oder auch die selbsteinparkenden Fahrzeuge, sie hindern die Menschen daran, sich so hinzustellen, dass kein anderer mehr dort einparken kann.

Auch hier würden mich die jungen Leute von heute wahrscheinlich als Dinosaurier bezeichnen. Das mag auch stimmen. Ich werde alt. Ich hänge an alten Dingen und Traditionen. Und wie gesagt, manchmal ist es gut, dass wir nicht alle Veränderungen auch sofort annehmen müssen, dass wir noch die Wahl haben.

Apropos Stichwort „alt". In einem meiner letzten Führungstrainings habe ich den Teilnehmern folgende Frage gestellt:

„Woran erkennt man, dass die Führungskraft alt geworden ist? "

Viele nannten dann die äußerlichen Merkmale, wie graue Haare, Falten, usw. Aber das ist damit natürlich nicht gemeint. Man erkennt eine „alt" gewordene Führungskraft daran, dass sie immer wieder von der Vergangenheit spricht: *„Früher war alles besser! Früher haben wir das anders gemacht! Früher war alles einfacher!"*

Kennen Sie solche Menschen auch? Sind die dann noch tragbar in der Funktion, in der sie tätig sind? Möglicherweise nicht.

Aber man kann doch Menschen, die an der Vergangenheit hängen nicht einfach entlassen oder ihnen von heute auf morgen andere Aufgaben geben. Oder vielleicht doch? Müsste man das tun?

Sollte man diesbezüglich vielleicht etwas konsequenter sein? Oder sollte man versuchen, diesen Personen zu helfen, sich die wesentlichen Merkmale der aktuellen Veränderungen selbst zu verkaufen? Denn nur dann können sie doch auch ihre eigene Einstellung ändern und erfolgreich mit den Veränderungen den Weg in die Zukunft gehen.

Wenn ich so an die letzten Seiten zurückdenke, trifft das ja auch genauso auf mich zu. Erwischt. Einsicht ist der erste Weg zur Besserung. Allerdings sollten wir natürlich immer hinterfragen um welche Veränderungen es geht und um welche Situationen es sich handelt.

Wir haben ja in diesem Buch schon häufig über das Thema „Innere Einstellung" gesprochen. Wir haben bereits festgestellt, dass wir Menschen uns nicht gerade auf Veränderungen freuen. Ganz im Gegenteil, wir wehren uns häufig dagegen und setzen unsere Kraft ein, um gegen sie anzukämpfen. Fast immer mit wenig bis gar keinem Erfolg.

Aus diesem Grund würde ich gern mit Ihnen über den wichtigen Faktor der *Motivation* sprechen. Genauer gesagt, der Selbstmotivation. Wir haben ja bereits gesehen, dass schon morgens unser Alltag durch überwiegend negative Aussagen geprägt wird. Und eines ist klar, diese Faktoren, wo auch immer sie herkommen, werden uns nicht motivieren. Ganz im Gegenteil, sie werden uns eher blockieren.

Was können und müssen wir also tun? Wir müssen selbst dafür sorgen, dass diese negativen Gedanken verschwinden und wir positive Vorstellungen in unser Gehirn einpflanzen. Und damit ist jetzt nicht gemeint, so „Tschaka-Tschaka" mäßig, sondern seriös das Ganze in die Tat umzusetzen. Wie können wir das machen? Mit einer ganz einfachen, aber sehr effektiven Frage:

„Warum freue ich mich?"

Und zwar einmal ganz grundsätzlich und zum anderen speziell in Bezug auf Veränderungen. Wenn wir von der allgemeinen Selbstmotivation ausgehen, können wir morgens als allererstes, das heißt, wenn wir wach werden, die Augen aufschlagen und uns sofort die Frage *„Warum freue ich mich?"* stellen. Wir geben uns mindestens drei Antworten, die uns beflügeln, die uns motivieren. Wenn wir keine Antworten finden, drehen wir uns um und schlafen weiter.

Falls im Laufe des Tages wieder alles über uns hereinbricht, wirkt diese Frage auch hier Wunder. Denn wir erreichen mit dieser Fragestellung, dass wir unser Bewusstsein aktivieren und somit dem Unterbewusstsein einen Strich durch die Rechnung machen.

Und bitte beachten Sie, dass die Frage nicht heißt: Worauf freue ich mich? Sondern Warum…

Der kleine, aber feine Unterschied: Bei der Frage „Worauf" liegt alles in der Zukunft und wir haben keine Garantie, dass der jeweilige Punkt auch wirklich eintrifft. Bei der Frage „Warum" bezieht sich die Antwort auf die aktuelle Situation und es kann uns keiner diesen wertvollen Punkt streitig machen.

Wenn Sie die „Königsdisziplin" dieser Übung umsetzen wollen, dann machen Sie bitte folgendes:

Stellen Sie sich jeden Morgen über einen längeren Zeitraum die Frage *„Warum freue ich mich?"* und geben sich jeden Tag neue Antworten oder Gründe warum Sie sich freuen.

Aus eigener Erfahrung kann ich Ihnen eines versprechen. Es funktioniert. Es ist nicht immer leicht, jeden Tag neue Gründe zu finden, aber es funktioniert.

Und wenn Sie das über mehrere Tage, gar Wochen konsequent machen, dann geht irgendwann diese Frage „Warum freue ich mich?" in Ihr Unterbewusstsein über und Sie brauchen sich diese Frage nicht mehr bewusst zu stellen, denn sie kommt automatisch.

Passenderweise dazu unser Arbeitsblatt, welches Sie natürlich gern als Unterstützung verwenden dürfen.

Hierbei ganz wichtig, was am Ende dieses Arbeitsblattes steht...

WARUM FREUE ICH MICH

Datum	Grund

Wie will ich andere motivieren, wenn ich selbst nicht motiviert bin, d.h. wenn ich keinen Grund gefunden habe mich zu freuen?

Wenn wir diese Motivationsübung so konsequent durchführen schließt sich nämlich der Kreis zu einem weiteren wichtigen Aspekt, der ebenso auf das Thema Veränderungen zutrifft wie unsere andere Punkte zuvor:

Alles hat 2 Seiten – Über was ich mich ärgere entscheide ich immer noch selbst!

Nehmen wir einfach noch einmal das Beispiel des Mannes, der sich über den Parkautomaten geärgert hat. Was hat es ihm gebracht? Nichts. Ganz im Gegenteil. Er ist womöglich so sauer, dass er diesen ganzen Frust mit in das nächste Gespräch nimmt, oder sich während seiner Weiterfahrt immer noch so darüber aufregt, dass vielleicht noch etwas viel Schlimmeres passiert.

Und war es das dann wert? Auf gar keinen Fall. Wenn es uns also gelingt, dass wir selbst entscheiden, über was wir uns ärgern, dann ist das Gold wert. Denn dann wird es uns auch gelingen, mit negativen Situationen besser umzugehen und auf mögliche Veränderungen anders zu reagieren. Setzt aber wieder voraus, sich <u>bewusst</u> mit der Thematik auseinander zu setzen. Ohne dem geht es nicht. Sie wissen ja

„Erfolg ist frei-willig!"

Wenn wir uns mal ganz gezielt vor Augen führen, wie oft wir uns am Tag ärgern und über welche Nebensächlichkeiten letztendlich, dann macht diese Aufgabe umso mehr Sinn. Das Leben ist zu kurz, um sich mit Belanglosigkeiten rumzuärgern. Unsere Zeit ist doch viel zu kostbar, um sich über alles und jeden aufzuregen.

Vor kurzem war ich in einem Elektrofachmarkt, als neben mir ein Kunde in einer heftigen Diskussion mit einem Mitarbeiter war. Worum ging es? Um die *Glühbirne*. Wie banal, denken Sie jetzt vielleicht. Aber dieser Kunde echauffierte sich in hohem Maße darüber, dass dieser Markt keine alten, klassischen Glühbirnen mehr im Sortiment hatte. Er hielt einen famosen Vortrag über die Vorteile der alten Glühbirne. Das ging sogar so weit, dass andere Kunden stehen blieben und sich diese „Vorstellung" ansahen.

Was war das Ende vom Lied? Der Kunde hat die neuen LED-Birnen gekauft, denn es blieb ihm ja nichts anderes übrig. Wenn er Licht ins Dunkel bringen wollte, dann musste er das kaufen was da war. Und die ganze Kraft, die Energie, die er in seinen Vortrag über die alte Glühbirne gepackt hatte, war verpufft. Manchmal müssen wir auch einfach loslassen. Veränderungen bedeutet auch, sich von lieb gewonnen oder eingefahrenen Sachen zu trennen.

Alles hat 2 Seiten. Die Glühbirne natürlich auch. Das Verhalten des Mannes ebenfalls. Er hing an der alten Variante. Das schönere Licht, der günstigere Preis, usw. Aus umwelttechnischer Sicht und um Energie zu sparen spricht wiederum vieles für die neuen Birnen.

Und er persönlich. Er hatte mal die Möglichkeit, seinen ganzen Frust herauszulassen. Ob es ihm danach besser ging, keine Ahnung. Vielleicht ist ihm aber auch, im wahrsten Sinne des Wortes, ein Licht aufgegangen, dass man sich gegen diese Veränderungen nicht wehren kann.

Hinsichtlich der Verhaltensweise dieses Menschen bestätigt sich ein weiterer wichtiger Punkt aus unseren Verhaltenstrainings. Und zwar:

„Vorstellungen bestimmen unser Verhalten!"

Wir Menschen werden Tag für Tag von unseren eigenen Vorstellungen geleitet. Wenn ich meine Teilnehmer frage: *„Was war für Ihren beruflichen Erfolg bis hierher wichtiger, Ihr fester Wille oder die Fantasie?"* Dann stimmen die meisten für den festen Willen. Wir nähern uns dieser Thematik dann immer mit einem ganz einfachen, aber sehr einleuchtenden Beispiel. (Und Sie können es für sich natürlich auch beantworten.)

Stellen Sie sich bitte mal folgende Situation vor:

Vor Ihnen liegen zwei Quadersteine mit jeweils einem Durchmesser von einem Meter. Zwischen den Steinen eine Entfernung von sieben Metern. Auf diese beiden Quadersteine legen wir ein Brett. Dieses Brett ist 1 Meter breit, 10cm dick und 7 Meter lang. Also ein richtig massives Brett. Jetzt bitten wir Sie, über dieses Brett zu gehen. Was würden Sie sagen, reicht Ihr fester Wille dafür aus?

Und alle, die sich für den festen Willen entschieden hatten, nicken. Daraufhin die nächste Frage:

Wie sieht es denn aus, wenn wir dieses Brett auf zwei Wolkenkratzer legen, diesseits und jenseits eine 200 Meter tiefe Schlucht. Reicht Ihr fester Wille jetzt auch noch aus, um über dieses 7 Meter lange, nur 1 Meter breite und gerade mal 10cm dicke Brett zu gehen?

Der Großteil antwortet dann mit „*Nein*“. Ein paar wagemutige gibt es immer, aber die meisten würden in dieser Situation nicht mehr über dieses Brett gehen.

Sie können es ja gern für sich selbst beantworten. Letztendlich ist diese überwiegende Reaktion die Bestätigung dafür, dass wir Menschen größtenteils von unserer Vorstellungskraft, also von unserer Fantasie, gelenkt und geleitet werden. In vielen Situationen kann unser fester Wille noch so stark sein, unsere Vorstellungskraft ist viel größer und macht unserem Vorhaben einen Strich durch die Rechnung.

Wenn wir es also im Umkehrschluss schaffen, uns die Veränderungen positiv oder sogar gewinnbringend vorzustellen, dann sind die Chancen viel höher, dass wir daraus auch unseren Nutzen ziehen können.

Das klingt theoretisch ganz toll, oder? Wenn das nur immer alles so einfach wäre. Schöne Worte, ausgiebig getestete Werkzeuge, selbst erlebte Beispiele und gezielte Aufforderungen zur Tat. Wenn da nur nicht immer der innere Schweinehund wäre.

Wenn das Leben so leicht wäre, das wäre schön. Aber auch ein bisschen langweilig, oder? Lieber wieder rein ins Korsett und nur nicht nach rechts oder links schauen? Sich mit dem abfinden, was um uns herum passiert. Na klar, können Sie machen.

Wenn Sie damit glücklich werden, bitte. Dann tun Sie das. Ich wiederhole mich da gern. Jeder so wie er mag. Wenn es Ihnen in Ihrem Korsett aber doch ein wenig zu eng werden sollte und sie so langsam ein beklemmendes Gefühl bekommen, dann ist es höchste Eisenbahn. Dann sollten Sie dieses Signal erkennen und es selbst in die Hand nehmen. Sie wissen ja, Erfolg ist…

Vielleicht habe ich noch einen Anreiz für Sie. In unserem Führungstraining stellen wir den Teilnehmern eine ganz bestimmte Frage:

„Welches ist die zentrale Frage, die Sie sich, als Führungskraft, heute stellen müssen?"

Auch hier kommen natürlich die unterschiedlichsten Antworten: *Wie kann ich meine Mitarbeiter motivieren? Wie kann ich mich selbst motivieren? Bin ich ein guter Chef? Haben meine Mitarbeiter vertrauen zu mir?* Usw., usw.

Nur eine entscheidende Frage fehlt:

„Was muss ich heute tun, um morgen noch dabei zu sein?"

Und mit dieser Frage ist nicht gemeint: *Wie muss ich meinem Chef heute hinten rein kriechen, damit er mich morgen noch beschäftigt?* Das funktioniert ja eh nicht, weil da meistens schon einer drin ist.

Wir sprechen ja die ganze Zeit über Veränderungen, über Schnelllebigkeit und die damit verbundenen Herausforderungen und deshalb ist mit der Frage gemeint:

Wie muss ich heute mit meinen Kräften umgehen, um morgen noch dabei zu sein, heißt frei übersetzt – bis ins hohe Alter bei bester Gesundheit, Freude an der Arbeit und am Leben zu haben?

Ist das nicht eine wichtige Frage für uns alle? Je älter wir werden, umso wichtiger. Denn losgelöst von dem Bezug zu den Führungskräften betrifft uns diese Frage doch alle. Egal in welcher Position wir tätig sind. Egal welche Aufgabe wir zu Hause haben. Egal für welche Hobbys wir uns begeistern. Wir wollen doch alle bis ins hohe Alter, bei bester Gesundheit ein Teil dieses ganzen Konstrukts sein.

Was können wir denn nun letztendlich auf die Frage *„War früher wirklich alles besser?"* antworten?

Ein ganz klares NEIN. Es war nicht alles besser. Vieles war anders, aber anders heißt nicht gleich besser. Das Leben war vielleicht etwas entschleunigter, weil nicht so technologisiert. Möglicherweise war es dadurch auch etwas weniger stressig, aber es war nicht wirklich besser. Unterm Strich hat jede Zeit, jede Epoche etwas für sich und entscheidend sind wir Menschen.

Wir entscheiden selbst, wie wir mit der jeweiligen Zeit umgehen. Wir haben es in der Hand. Und das wird hoffentlich auch in der nahen Zukunft weiterhin der Fall sein. Veränderungen hin oder her. Solange es uns Menschen auf diesem schönen Planeten gibt, solange wir noch einen freien Willen haben, solange können wir auch selbst entscheiden, wie wir mit der Realität umgehen.

Wir werden nicht in Utopien leben, aber wir werden Utopien haben und versuchen diese zur Realität werden zu lassen. Wir werden selbst entscheiden, über wen oder was wir uns ärgern, weil wir wissen, dass alles zwei Seiten hat. Wir werden uns selbst motivieren, weil es sonst kein anderer macht. Wir werden aus unserem freien Willen heraus dafür sorgen, dass wir erfolgreich werden und auch bleiben.

In diesem Sinne blicken wir mit schönen Erinnerungen zurück in die Vergangenheit.

Wir schauen mit einer positiven Einstellung auf die Gegenwart und erwarten von der Zukunft nur das Beste.

Dann möchte ich Sie mit den Worten von *Sokrates* wieder in die weite Welt entlassen:

Nicht weil es schwierig ist,
wagen wir es nicht, sondern
weil wir es nicht wagen,
ist es schwierig.

Herzlichen Dank, dass Sie mir Ihre Zeit geschenkt haben. Ich wünsche Ihnen alles Gute und sagen Sie „Ja"…

Ihr Ralph Schaper